《专利法》及《专利法实施细则》

历次修改对照本

知识产权出版社◎编

国家知识产权局条法司◎审定

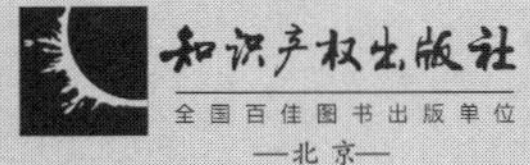

图书在版编目（CIP）数据

《专利法》及《专利法实施细则》历次修改对照本/知识产权出版社编. —北京：知识产权出版社，2024.5

ISBN 978-7-5130-9201-2

Ⅰ.①专… Ⅱ.①知… Ⅲ.①专利权法—中国—学习参考资料 Ⅳ.①D923.424

中国国家版本馆 CIP 数据核字（2024）第 005994 号

内容提要

本书对《专利法》及《专利法实施细则》历次修改进行对照，并对修改通过黑体字进行提示和说明，以便读者学习、研究使用。

读者对象：从事专利研究者及其他感兴趣的读者。

责任编辑：卢海鹰　王瑞璞　　**责任校对**：王　岩

封面设计：杨杨工作室·张冀　　**责任印制**：孙婷婷

《专利法》及《专利法实施细则》历次修改对照本

知识产权出版社　编

国家知识产权局条法司　审定

出版发行：知识产权出版社有限责任公司　　**网　址**：http：//www.ipph.cn

社　址：北京市海淀区气象路 50 号院　　**邮　编**：100081

责编电话：010-82000860 转 8116　　**责编邮箱**：wangruipu@cnipr.com

发行电话：010-82000860 转 8101/8102　　**发行传真**：010-82000893/82005070/82000270

印　刷：天津嘉恒印务有限公司　　**经　销**：新华书店、各大网上书店及相关专业书店

开　本：787mm×1092mm　1/16　　**印　张**：13.25

版　次：2024 年 5 月第 1 版　　**印　次**：2024 年 5 月第 1 次印刷

字　数：330 千字　　**定　价**：99.00 元

ISBN 978-7-5130-9201-2

出版说明

1985年4月1日，《专利法》开始实施，标志着我国专利制度正式建立。至今我国专利制度已经走过近40年，在此期间，我国经济社会发生了巨大变化，科学技术不断进步。为了适应国内外形势的变化，更好地促进经济发展和科学技术的进步，我国先后于1992年、2000年、2008年、2020年四次修改《专利法》，于1992年、2001年、2002年、2010年、2023年五次修改《专利法实施细则》。与《专利法》《专利法实施细则》初施行时相比，多次修改后的《专利法》《专利法实施细则》已经发生了巨大变化。为了使读者清楚、详细地了解我国专利法律制度的发展历程，本社组织力量编写了本对照本。

本书中的各版本《专利法》《专利法实施细则》均来自相应的《中华人民共和国全国人民代表大会常务委员会公报》《中华人民共和国国务院公报》。鉴于2002年12月28日的修订仅为2001年版本《专利法实施细则》的2条规定表述微调，故本对照本选取2001年修订后重新公布的《专利法实施细则》文本。为了使本对照本对照清晰、方便阅读，编者参考了大量资料，从历次的修改情况、条文编排形式、开本与装帧设计等方面，对本对照本作了综合考虑，以求在内容和形式上都做到让读者满意。具体而言，本对照本具有如下两个特点：第一，条文对照，即每次修改的条文与前次的相关条文对照，以便读者了解

《专利法》《专利法实施细则》中具体规定的变化；第二，将条文中作出修改的内容的字体变为黑体，让读者更方便看出哪些是修改内容，便于对照。

由于编者的水平和能力有限，掌握的文献资料有限并且对文献资料的理解还不够全面，难免有疏漏和不足之处，恳请专家和广大读者批评指正！

目　　录

《专利法》历次修改对照

1984 年	1992 年	2000 年	2008 年	2020 年
第一章　总　则	**第一章　总　则**	**第一章　总　则**	**第一章　总　则**	**第一章　总　则**
第一条 为了保护发明创造专利权，鼓励发明创造，有利于发明创造的推广应用，促进科学技术的发展，适应社会主义现代化建设的需要，特制定本法。	**第一条** 为了保护发明创造专利权，鼓励发明创造，有利于发明创造的推广应用，促进科学技术的发展，适应社会主义现代化建设的需要，特制定本法。	**第一条** 为了保护发明创造专利权，鼓励发明创造，有利于发明创造的推广应用，促进科学技术**进步和创新**，适应社会主义现代化建设的需要，特制定本法。	**第一条** 为了保护**专利权人的合法权益**，鼓励发明创造，**推动**发明创造的应用，**提高创新能力**，促进科学技术进步和**经济社会发展**，制定本法。	**第一条** 为了保护专利权人的合法权益，鼓励发明创造，推动发明创造的应用，提高创新能力，促进科学技术进步和经济社会发展，制定本法。
第二条 本法所称的发明创造是指发明、实用新型和外观设计。	**第二条** 本法所称的发明创造是指发明、实用新型和外观设计。	**第二条** 本法所称的发明创造是指发明、实用新型和外观设计。	**第二条** 本法所称的发明创造是指发明、实用新型和外观设计。 **发明，是指对产品、方法或者其改进所提出的新的技术方案。** **实用新型，是指对产品的形状、构造或者其结合所提出的适于实用的新的技术方案。** **外观设计，是指对产品的形状、图案或者其**	**第二条** 本法所称的发明创造是指发明、实用新型和外观设计。 发明，是指对产品、方法或者其改进所提出的新的技术方案。 实用新型，是指对产品的形状、构造或者其结合所提出的适于实用的新的技术方案。 外观设计，是指对产品的**整体或者局部的**

			结合以及色彩与形状、图案的结合所作出的富有美感并适于工业应用的新设计。	形状、图案或者其结合以及色彩与形状、图案的结合所作出的富有美感并适于工业应用的新设计。
第三条 中华人民共和国专利局受理和审查专利申请，对符合本法规定的发明创造授予专利权。	**第三条** 中华人民共和国专利局受理和审查专利申请，对符合本法规定的发明创造授予专利权。	**第三条** **国务院专利行政部门负责管理全国的专利工作；统一**受理和审查专利申请，**依法**授予专利权。 **省、自治区、直辖市人民政府管理专利工作的部门负责本行政区域内的专利管理工作。**	**第三条** 国务院专利行政部门负责管理全国的专利工作；统一受理和审查专利申请，依法授予专利权。 省、自治区、直辖市人民政府管理专利工作的部门负责本行政区域内的专利管理工作。	**第三条** 国务院专利行政部门负责管理全国的专利工作；统一受理和审查专利申请，依法授予专利权。 省、自治区、直辖市人民政府管理专利工作的部门负责本行政区域内的专利管理工作。
第四条 申请专利的发明创造涉及国家安全或者重大利益需要保密的，按照国家有关规定办理。	**第四条** 申请专利的发明创造涉及国家安全或者重大利益需要保密的，按照国家有关规定办理。	**第四条** 申请专利的发明创造涉及国家安全或者重大利益需要保密的，按照国家有关规定办理。	**第四条** 申请专利的发明创造涉及国家安全或者重大利益需要保密的，按照国家有关规定办理。	**第四条** 申请专利的发明创造涉及国家安全或者重大利益需要保密的，按照国家有关规定办理。
第五条 对违反国家法律、社会公德或者妨害公共利益	**第五条** 对违反国家法律、社会公德或者妨害公共利益	**第五条** 对违反国家法律、社会公德或者妨害公共利益	**第五条** 对违反法律、社会公德或者妨害公共利益的发	**第五条** 对违反法律、社会公德或者妨害公共利益的发

1984 年	1992 年	2000 年	2008 年	2020 年
的发明创造，不授予专利权。	的发明创造，不授予专利权。	的发明创造，不授予专利权。	明创造，不授予专利权。 **对违反法律、行政法规的规定获取或者利用遗传资源，并依赖该遗传资源完成的发明创造，不授予专利权。**	明创造，不授予专利权。 对违反法律、行政法规的规定获取或者利用遗传资源，并依赖该遗传资源完成的发明创造，不授予专利权。
第六条 执行本单位的任务或者主要是利用本单位的物质条件所完成的职务发明创造，申请专利的权利属于该单位；非职务发明创造，申请专利的权利属于发明人或者设计人。申请被批准后，全民所有制单位申请的，专利权归该单位持有；集体所有制单位或者个人申请的，专利权归该单位或者个人所有。 在中国境内的外资企业和中外合资经营企业的工作人员完成的职务	**第六条** 执行本单位的任务或者主要是利用本单位的物质条件所完成的职务发明创造，申请专利的权利属于该单位；非职务发明创造，申请专利的权利属于发明人或者设计人。申请被批准后，全民所有制单位申请的，专利权归该单位持有；集体所有制单位或者个人申请的，专利权归该单位或者个人所有。 在中国境内的外资企业和中外合资经营企业的工作人员完成的职务	**第六条** 执行本单位的任务或者主要是利用本单位的物质**技术**条件所完成的发明创造**为职务发明创造。职务发明创造申请专利的权利属于该单位；申请被批准后，该单位为专利权人。** 非职务发明创造，申请专利的权利属于发明人或者设计人；申请被批准后，**该发明人或者设计人为专利权人。** **利用本单位的物质技术条件所完成的发明创造，单位与发明人或者**	**第六条** 执行本单位的任务或者主要是利用本单位的物质技术条件所完成的发明创造为职务发明创造。职务发明创造申请专利的权利属于该单位；申请被批准后，该单位为专利权人。 非职务发明创造，申请专利的权利属于发明人或者设计人；申请被批准后，该发明人或者设计人为专利权人。 利用本单位的物质技术条件所完成的发明创造，单位与发明人或者	**第六条** 执行本单位的任务或者主要是利用本单位的物质技术条件所完成的发明创造为职务发明创造。职务发明创造申请专利的权利属于该单位，申请被批准后，该单位为专利权人。**该单位可以依法处置其职务发明创造申请专利的权利和专利权，促进相关发明创造的实施和运用。** 非职务发明创造，申请专利的权利属于发明人或者设计人；申请被批准后，该发明人或者

<table>
<tr>
<td>发明创造，申请专利的权利属于该企业；非职务发明创造，申请专利的权利属于发明人或者设计人。申请被批准后，专利权归申请的企业或者个人所有。
专利权的所有人和持有人统称专利权人。</td>
<td>发明创造，申请专利的权利属于该企业；非职务发明创造，申请专利的权利属于发明人或者设计人。申请被批准后，专利权归申请的企业或者个人所有。
专利权的所有人和持有人统称专利权人。</td>
<td>**设计人订有合同，对申请专利的权利和专利权的归属作出约定的，从其约定。**</td>
<td>设计人订有合同，对申请专利的权利和专利权的归属作出约定的，从其约定。</td>
<td>设计人为专利权人。
利用本单位的物质技术条件所完成的发明创造，单位与发明人或者设计人订有合同，对申请专利的权利和专利权的归属作出约定的，从其约定。</td>
</tr>
<tr>
<td>**第七条**
对发明人或者设计人的非职务发明创造专利申请，任何单位或者个人不得压制。</td>
<td>**第七条**
对发明人或者设计人的非职务发明创造专利申请，任何单位或者个人不得压制。</td>
<td>**第七条**
对发明人或者设计人的非职务发明创造专利申请，任何单位或者个人不得压制。</td>
<td>**第七条**
对发明人或者设计人的非职务发明创造专利申请，任何单位或者个人不得压制。</td>
<td>**第七条**
对发明人或者设计人的非职务发明创造专利申请，任何单位或者个人不得压制。</td>
</tr>
<tr>
<td>**第八条**
两个以上单位协作或者一个单位接受其他单位委托的研究、设计任务所完成的发明创造，除另有协议的以外，申请专利的权利属于完成或者共同完成的单位；申请被批准后，专利权</td>
<td>**第八条**
两个以上单位协作或者一个单位接受其他单位委托的研究、设计任务所完成的发明创造，除另有协议的以外，申请专利的权利属于完成或者共同完成的单位；申请被批准后，专利权</td>
<td>**第八条**
两个以上单位**或者个人合作**完成的发明创造、一个单位**或者个人**接受其他单位**或者个人委托所完成的发明创造，**除另有协议的以外，申请专利的权利属于完成或者共同完成的单位或</td>
<td>**第八条**
两个以上单位或者个人合作完成的发明创造、一个单位或者个人接受其他单位或者个人委托所完成的发明创造，除另有协议的以外，申请专利的权利属于完成或者共同完成的单位或</td>
<td>**第八条**
两个以上单位或者个人合作完成的发明创造、一个单位或者个人接受其他单位或者个人委托所完成的发明创造，除另有协议的以外，申请专利的权利属于完成或者共同完成的单位或</td>
</tr>
</table>

1984 年	1992 年	2000 年	2008 年	2020 年
归申请的单位所有或者持有。	归申请的单位所有或者持有。	**者个人**；申请被批准后，**申请的单位或者个人为专利权人。**	者个人；申请被批准后，申请的单位或者个人为专利权人。	者个人；申请被批准后，申请的单位或者个人为专利权人。
第九条 两个以上的申请人分别就同样的发明创造申请专利的，专利权授予最先申请的人。	**第九条** 两个以上的申请人分别就同样的发明创造申请专利的，专利权授予最先申请的人。	**第九条** 两个以上的申请人分别就同样的发明创造申请专利的，专利权授予最先申请的人。	**第九条** **同样的发明创造只能授予一项专利权。但是，同一申请人同日对同样的发明创造既申请实用新型专利又申请发明专利，先获得的实用新型专利权尚未终止，且申请人声明放弃该实用新型专利权的，可以授予发明专利权。** 两个以上的申请人分别就同样的发明创造申请专利的，专利权授予最先申请的人。	**第九条** 同样的发明创造只能授予一项专利权。但是，同一申请人同日对同样的发明创造既申请实用新型专利又申请发明专利，先获得的实用新型专利权尚未终止，且申请人声明放弃该实用新型专利权的，可以授予发明专利权。 两个以上的申请人分别就同样的发明创造申请专利的，专利权授予最先申请的人。
第十条 专利申请权和专利权可以转让。 全民所有制单位转	**第十条** 专利申请权和专利权可以转让。 全民所有制单位转	**第十条** 专利申请权和专利权可以转让。 中国单位或者个人	**第十条** 专利申请权和专利权可以转让。 中国单位或者个人	**第十条** 专利申请权和专利权可以转让。 中国单位或者个人

让专利申请权或者专利权的，必须经上级主管机关批准。 中国单位或者个人向外国人转让专利申请权或者专利权的，必须经国务院有关主管部门批准。 转让专利申请权或者专利权的，当事人必须订立书面合同，经专利局登记和公告后生效。	让专利申请权或者专利权的，必须经上级主管机关批准。 中国单位或者个人向外国人转让专利申请权或者专利权的，必须经国务院有关主管部门批准。 转让专利申请权或者专利权的，当事人必须订立书面合同，经专利局登记和公告后生效。	向外国人转让专利申请权或者专利权的，必须经国务院有关主管部门批准。 转让专利申请权或者专利权的，当事人**应当**订立书面合同，**并向国务院专利行政部门登记，由国务院专利行政部门予以**公告。**专利申请权或者专利权的转让自登记之日起**生效。	向外国人、**外国企业或者外国其他组织**转让专利申请权或者专利权的，**应当依照有关法律、行政法规的规定办理手续**。 转让专利申请权或者专利权的，当事人应当订立书面合同，并向国务院专利行政部门登记，由国务院专利行政部门予以公告。专利申请权或者专利权的转让自登记之日起生效。	向外国人、外国企业或者外国其他组织转让专利申请权或者专利权的，应当依照有关法律、行政法规的规定办理手续。 转让专利申请权或者专利权的，当事人应当订立书面合同，并向国务院专利行政部门登记，由国务院专利行政部门予以公告。专利申请权或者专利权的转让自登记之日起生效。
第十一条 发明和实用新型专利权被授予后，除本法第十四条规定的以外，任何单位或者个人未经专利权人许可，都不得实施其专利，即不得为生产经营目的制造、使用或者销售其专利产品，或者使用其专利方法。 外观设计专利权被	**第十一条** 发明和实用新型专利权被授予后，除**法律另有**规定的以外，任何单位或者个人未经专利权人许可，不得为生产经营目的制造、使用、销售其专利产品，或者使用其专利方法**以及使用、销售依照该专利方法直接获得的产品**。	**第十一条** 发明和实用新型专利权被授予后，除**本法**另有规定的以外，任何单位或者个人未经专利权人许可，**都不得实施其专利，**即不得为生产经营目的制造、使用、**许诺销售**、销售、**进口**其专利产品，或者使用其专利方法以及使用、**许**	**第十一条** 发明和实用新型专利权被授予后，除本法另有规定的以外，任何单位或者个人未经专利权人许可，都不得实施其专利，即不得为生产经营目的制造、使用、许诺销售、销售、进口其专利产品，或者使用其专利方法以及使用、许	**第十一条** 发明和实用新型专利权被授予后，除本法另有规定的以外，任何单位或者个人未经专利权人许可，都不得实施其专利，即不得为生产经营目的制造、使用、许诺销售、销售、进口其专利产品，或者使用其专利方法以及使用、许

1984 年	1992 年	2000 年	2008 年	2020 年
授予后，任何单位或者个人未经专利权人许可，都不得实施其专利，即不得为生产经营目的制造或者销售其外观设计专利产品。	外观设计专利权被授予后，任何单位或者个人未经专利权人许可，不得为生产经营目的制造、销售其外观设计专利产品。 **专利权被授予后，除法律另有规定的以外，专利权人有权阻止他人未经专利权人许可，为上两款所述用途进口其专利产品或者进口依照其专利方法直接获得的产品。**	**诺销售**、销售、**进口**依照该专利方法直接获得的产品。 外观设计专利权被授予后，任何单位或者个人未经专利权人许可，**都不得实施其专利，即**不得为生产经营目的制造、销售、**进口**其外观设计专利产品。	诺销售、销售、进口依照该专利方法直接获得的产品。 外观设计专利权被授予后，任何单位或者个人未经专利权人许可，都不得实施其专利，即不得为生产经营目的制造、**许诺销售**、销售、进口其外观设计专利产品。	诺销售、销售、进口依照该专利方法直接获得的产品。 外观设计专利权被授予后，任何单位或者个人未经专利权人许可，都不得实施其专利，即不得为生产经营目的制造、许诺销售、销售、进口其外观设计专利产品。
第十二条 任何单位或者个人实施他人专利的，除本法第十四条规定的以外，都必须与专利权人订立书面实施许可合同，向专利权人支付专利使用费。被许可人无权允许合同规定以外的任何单位或者个人实施该专利。	**第十二条** 任何单位或者个人实施他人专利的，除本法第十四条规定的以外，都必须与专利权人订立书面实施许可合同，向专利权人支付专利使用费。被许可人无权允许合同规定以外的任何单位或者个人实施该专利。	**第十二条** 任何单位或者个人实施他人专利的，**应当**与专利权人订立书面实施许可合同，向专利权人支付专利使用费。被许可人无权允许合同规定以外的任何单位或者个人实施该专利。	**第十二条** 任何单位或者个人实施他人专利的，应当与专利权人订立实施许可合同，向专利权人支付专利使用费。被许可人无权允许合同规定以外的任何单位或者个人实施该专利。	**第十二条** 任何单位或者个人实施他人专利的，应当与专利权人订立实施许可合同，向专利权人支付专利使用费。被许可人无权允许合同规定以外的任何单位或者个人实施该专利。

<table>
<tr>
<td>第十三条
　　发明专利申请公布后，申请人可以要求实施其发明的单位或者个人支付适当的费用。

第十四条
　　国务院有关主管部门和省、自治区、直辖市人民政府根据国家计划，有权决定本系统内或者所管辖的全民所有制单位持有的重要发明创造专利允许指定的单位实施，由实施单位按照国家规定向持有专利权的单位支付使费。
　　中国集体所有制单位和个人的专利，对国家利益或者公共利益具有重大意义，需要推广应用的，由国务院有关主管部门报国务院批准后，参照上款规定办理。</td>
<td>第十三条
　　发明专利申请公布后，申请人可以要求实施其发明的单位或者个人支付适当的费用。

第十四条
　　国务院有关主管部门和省、自治区、直辖市人民政府根据国家计划，有权决定本系统内或者所管辖的全民所有制单位持有的重要发明创造专利允许指定的单位实施，由实施单位按照国家规定向持有专利权的单位支付使用费。
　　中国集体所有制单位和个人的专利，对国家利益或者公共利益具有重大意义，需要推广应用的，由国务院有关主管部门报国务院批准后，参照上款规定办理。</td>
<td>第十三条
　　发明专利申请公布后，申请人可以要求实施其发明的单位或者个人支付适当的费用。

第十四条
　　国有企业事业单位的发明专利，对国家利益或者公共利益具有重大意义的，国务院有关主管部门和省、自治区、直辖市人民政府报经国务院批准，可以决定在批准的范围内推广应用，允许指定的单位实施，由实施单位按照国家规定向专利权人支付使用费。
　　中国集体所有制单位和个人的发明专利，对国家利益或者公共利益具有重大意义，需要推广应用的，参照前款规定办理。</td>
<td>第十三条
　　发明专利申请公布后，申请人可以要求实施其发明的单位或者个人支付适当的费用。

第十四条
　　国有企业事业单位的发明专利，对国家利益或者公共利益具有重大意义的，国务院有关主管部门和省、自治区、直辖市人民政府报经国务院批准，可以决定在批准的范围内推广应用，允许指定的单位实施，由实施单位按照国家规定向专利权人支付使用费。</td>
<td>第十三条
　　发明专利申请公布后，申请人可以要求实施其发明的单位或者个人支付适当的费用。

　　（该条内容调到本法第四十九条）</td>
</tr>
</table>

1984 年	1992 年	2000 年	2008 年	2020 年
第十五条 专利权人有权在其专利产品或者该产品的包装上标明专利标记和专利号。	**第十五条** 专利权人有权在其专利产品或者该产品的包装上标明专利标记和专利号。	**第十五条** 专利权人有权在其专利产品或者该产品的包装上标明专利标记和专利号。	（该条内容调到本法第十七条第二款）	
			第十五条（新增） **专利申请权或者专利权的共有人对权利的行使有约定的，从其约定。没有约定的，共有人可以单独实施或者以普通许可方式许可他人实施该专利；许可他人实施该专利的，收取的使用费应当在共有人之间分配。** **除前款规定的情形外，行使共有的专利申请权或者专利权应当取得全体共有人的同意。**	**第十四条** 专利申请权或者专利权的共有人对权利的行使有约定的，从其约定。没有约定的，共有人可以单独实施或者以普通许可方式许可他人实施该专利；许可他人实施该专利的，收取的使用费应当在共有人之间分配。 除前款规定的情形外，行使共有的专利申请权或者专利权应当取得全体共有人的同意。
第十六条 专利权的所有单位或者持有单位应当对职	**第十六条** 专利权的所有单位或者持有单位应当对职	**第十六条** **被授予**专利权的单位应当对职务发明创造	**第十六条** 被授予专利权的单位应当对职务发明创造	**第十五条** 被授予专利权的单位应当对职务发明创造

务发明创造的发明人或者设计人给予奖励；发明创造专利实施后，根据其推广应用的范围和取得的经济效益，对发明人或者设计人给予奖励。	务发明创造的发明人或者设计人给予奖励；发明创造专利实施后，根据其推广应用的范围和取得的经济效益，对发明人或者设计人给予奖励。	的发明人或者设计人给予奖励；发明创造专利实施后，根据其推广应用的范围和取得的经济效益，对发明人或者设计人给予**合理的报酬**。	的发明人或者设计人给予奖励；发明创造专利实施后，根据其推广应用的范围和取得的经济效益，对发明人或者设计人给予合理的报酬。	的发明人或者设计人给予奖励；发明创造专利实施后，根据其推广应用的范围和取得的经济效益，对发明人或者设计人给予合理的报酬。 **国家鼓励被授予专利权的单位实行产权激励，采取股权、期权、分红等方式，使发明人或者设计人合理分享创新收益。**
第十七条 发明人或者设计人有在专利文件中写明自己是发明人或者设计人的权利。	**第十七条** 发明人或者设计人有在专利文件中写明自己是发明人或者设计人的权利。	**第十七条** 发明人或者设计人有在专利文件中写明自己是发明人或者设计人的权利。	**第十七条** 发明人或者设计人有权在专利文件中写明自己是发明人或者设计人。 **专利权人有权在其专利产品或者该产品的包装上标明专利标识。**	**第十六条** 发明人或者设计人有权在专利文件中写明自己是发明人或者设计人。 专利权人有权在其专利产品或者该产品的包装上标明专利标识。
第十八条 在中国没有经常居所或者营业所的外国人、外国企业或者外国其他组织在中国申请专利的，	**第十八条** 在中国没有经常居所或者营业所的外国人、外国企业或者外国其他组织在中国申请专利的，	**第十八条** 在中国没有经常居所或者营业所的外国人、外国企业或者外国其他组织在中国申请专利的，	**第十八条** 在中国没有经常居所或者营业所的外国人、外国企业或者外国其他组织在中国申请专利的，	**第十七条** 在中国没有经常居所或者营业所的外国人、外国企业或者外国其他组织在中国申请专利的，

1984 年	1992 年	2000 年	2008 年	2020 年
依照其所属国同中国签订的协议或者共同参加的国际条约，或者依照互惠原则，根据本法办理。	依照其所属国同中国签订的协议或者共同参加的国际条约，或者依照互惠原则，根据本法办理。	依照其所属国同中国签订的协议或者共同参加的国际条约，或者依照互惠原则，根据本法办理。	依照其所属国同中国签订的协议或者共同参加的国际条约，或者依照互惠原则，根据本法办理。	依照其所属国同中国签订的协议或者共同参加的国际条约，或者依照互惠原则，根据本法办理。
第十九条 在中国没有经常居所或者营业所的外国人、外国企业或者外国其他组织在中国申请专利和办理其他专利事务的，应当委托中华人民共和国国务院指定的专利代理机构办理。 中国单位或者个人在国内申请专利和办理其他专利事务的，可以委托专利代理机构办理。	**第十九条** 在中国没有经常居所或者营业所的外国人、外国企业或者外国其他组织在中国申请专利和办理其他专利事务的，应当委托中华人民共和国国务院指定的专利代理机构办理。 中国单位或者个人在国内申请专利和办理其他专利事务的，可以委托专利代理机构办理。	**第十九条** 在中国没有经常居所或者营业所的外国人、外国企业或者外国其他组织在中国申请专利和办理其他专利事务的，应当委托**国务院专利行政部门**指定的专利代理机构办理。 中国单位或者个人在国内申请专利和办理其他专利事务的，可以委托专利代理机构办理。 **专利代理机构应当遵守法律、行政法规，按照被代理人的委托办理专利申请或者其他专利事务；对被代理人发明创造的内容，除专利申**	**第十九条** 在中国没有经常居所或者营业所的外国人、外国企业或者外国其他组织在中国申请专利和办理其他专利事务的，应当委托**依法设立**的专利代理机构办理。 中国单位或者个人在国内申请专利和办理其他专利事务的，可以委托**依法设立的**专利代理机构办理。 专利代理机构应当遵守法律、行政法规，按照被代理人的委托办理专利申请或者其他专利事务；对被代理人发明创造的内容，除专利申	**第十八条** 在中国没有经常居所或者营业所的外国人、外国企业或者外国其他组织在中国申请专利和办理其他专利事务的，应当委托依法设立的专利代理机构办理。 中国单位或者个人在国内申请专利和办理其他专利事务的，可以委托依法设立的专利代理机构办理。 专利代理机构应当遵守法律、行政法规，按照被代理人的委托办理专利申请或者其他专利事务；对被代理人发明创造的内容，除专利申

		请已经公布或者公告的以外，负有保密责任。专利代理机构的具体管理办法由国务院规定。	请已经公布或者公告的以外，负有保密责任。专利代理机构的具体管理办法由国务院规定。	请已经公布或者公告的以外，负有保密责任。专利代理机构的具体管理办法由国务院规定。
第二十条 中国单位或者个人将其在国内完成的发明创造向外国申请专利的，应当首先向专利局申请专利，并经国务院有关主管部门同意后，委托国务院指定的专利代理机构办理。	**第二十条** 中国单位或者个人将其在国内完成的发明创造向外国申请专利的，应当首先向专利局申请专利，并经国务院有关主管部门同意后，委托国务院指定的专利代理机构办理。	**第二十条** 中国单位或者个人将其在国内完成的发明创造向外国申请专利的，应当先向**国务院专利行政部门**申请专利，委托其指定的专利代理机构办理，**并遵守本法第四条的规定。** **中国单位或者个人可以根据中华人民共和国参加的有关国际条约提出专利国际申请。申请人提出专利国际申请的，应当遵守前款规定。** **国务院专利行政部门依照中华人民共和国参加的有关国际条约、本法和国务院有关规定处理专利国际申请。**	**第二十条** **任何**单位或者个人将在中国完成的**发明或者实用新型**向外国申请专利的，应当**事先报经**国务院专利行政部门**进行保密审查**。**保密审查的程序、期限等按照国务院的规定执行。** 中国单位或者个人可以根据中华人民共和国参加的有关国际条约提出专利国际申请。申请人提出专利国际申请的，应当遵守前款规定。 国务院专利行政部门依照中华人民共和国参加的有关国际条约、本法和国务院有关规定处理专利国际申请。	**第十九条** 任何单位或者个人将在中国完成的发明或者实用新型向外国申请专利的，应当事先报经国务院专利行政部门进行保密审查。保密审查的程序、期限等按照国务院的规定执行。 中国单位或者个人可以根据中华人民共和国参加的有关国际条约提出专利国际申请。申请人提出专利国际申请的，应当遵守前款规定。 国务院专利行政部门依照中华人民共和国参加的有关国际条约、本法和国务院有关规定处理专利国际申请。

1984年	1992年	2000年	2008年	2020年
			对违反本条第一款规定向外国申请专利的发明或者实用新型，在中国申请专利的，不授予专利权。	对违反本条第一款规定向外国申请专利的发明或者实用新型，在中国申请专利的，不授予专利权。
				第二十条（新增） **申请专利和行使专利权应当遵循诚实信用原则。不得滥用专利权损害公共利益或者他人合法权益。** **滥用专利权，排除或者限制竞争，构成垄断行为的，依照《中华人民共和国反垄断法》处理。**
第二十一条 在专利申请公布或者公告前，专利局工作人员及有关人员对其内容负有保密责任。	第二十一条 在专利申请公布或者公告前，专利局工作人员及有关人员对其内容负有保密责任。	第二十一条 **国务院专利行政部门及其专利复审委员会应当按照客观、公正、准确、及时的要求，依法处理有关专利的申请和请求。**	第二十一条 国务院专利行政部门及其专利复审委员会应当按照客观、公正、准确、及时的要求，依法处理有关专利的申请和请求。	第二十一条 国务院专利行政部门应当按照客观、公正、准确、及时的要求，依法处理有关专利的申请和请求。

		在专利申请公布或者公告前，**国务院专利行政部门的**工作人员及有关人员对其内容负有保密责任。	**国务院专利行政部门应当完整、准确、及时发布专利信息，定期出版专利公报。** 在专利申请公布或者公告前，国务院专利行政部门的工作人员及有关人员对其内容负有保密责任。	国务院专利行政部门应当**加强专利信息公共服务体系建设，**完整、准确、及时发布专利信息，**提供专利基础数据，**定期出版专利公报，**促进专利信息传播与利用。** 在专利申请公布或者公告前，国务院专利行政部门的工作人员及有关人员对其内容负有保密责任。
第二章　授予专利权的条件	**第二章　授予专利权的条件**	**第二章　授予专利权的条件**	**第二章　授予专利权的条件**	**第二章　授予专利权的条件**
第二十二条 授予专利权的发明和实用新型，应当具备新颖性、创造性和实用性。 新颖性，是指在申请日以前没有同样的发明或者实用新型在国内外出版物上公开发表过、在国内公开使用过或者以其他方式为公众所知，	**第二十二条** 授予专利权的发明和实用新型，应当具备新颖性、创造性和实用性。 新颖性，是指在申请日以前没有同样的发明或者实用新型在国内外出版物上公开发表过、在国内公开使用过或者以其他方式为公众所知，	**第二十二条** 授予专利权的发明和实用新型，应当具备新颖性、创造性和实用性。 新颖性，是指在申请日以前没有同样的发明或者实用新型在国内外出版物上公开发表过、在国内公开使用过或者以其他方式为公众所知，	**第二十二条** 授予专利权的发明和实用新型，应当具备新颖性、创造性和实用性。 新颖性，是指**该**发明或者实用新型**不属于现有技术；**也没有**任何单位或者个人**就同样的发明或者实用新型**在申请日以前**向国务院专利行	**第二十二条** 授予专利权的发明和实用新型，应当具备新颖性、创造性和实用性。 新颖性，是指该发明或者实用新型不属于现有技术；也没有任何单位或者个人就同样的发明或者实用新型在申请日以前向国务院专利行

1984 年	1992 年	2000 年	2008 年	2020 年
也没有同样的发明或者实用新型由他人向专利局提出过申请并且记载在申请日以后公布的专利申请文件中。 创造性，是指同申请日以前已有的技术相比，该发明有突出的实质性特点和显著的进步，该实用新型有实质性特点和进步。 实用性，是指该发明或者实用新型能够制造或者使用，并且能够产生积极效果。	也没有同样的发明或者实用新型由他人向专利局提出过申请并且记载在申请日以后公布的专利申请文件中。 创造性，是指同申请日以前已有的技术相比，该发明有突出的实质性特点和显著的进步，该实用新型有实质性特点和进步。 实用性，是指该发明或者实用新型能够制造或者使用，并且能够产生积极效果。	也没有同样的发明或者实用新型由他人向**国务院专利行政部门**提出过申请并且记载在申请日以后公布的专利申请文件中。 创造性，是指同申请日以前已有的技术相比，该发明有突出的实质性特点和显著的进步，该实用新型有实质性特点和进步。 实用性，是指该发明或者实用新型能够制造或者使用，并且能够产生积极效果。	政部门提出过申请，并记载在申请日以后公布的专利申请文件或者**公告的专利文件**中。 创造性，是指**与现有**技术相比，该发明**具**有突出的实质性特点和显著的进步，该实用新型**具**有实质性特点和进步。 实用性，是指该发明或者实用新型能够制造或者使用，并且能够产生积极效果。 **本法所称现有技术，是指申请日以前在国内外为公众所知的技术。**	政部门提出过申请，并记载在申请日以后公布的专利申请文件或者公告的专利文件中。 创造性，是指与现有技术相比，该发明具有突出的实质性特点和显著的进步，该实用新型具有实质性特点和进步。 实用性，是指该发明或者实用新型能够制造或者使用，并且能够产生积极效果。 本法所称现有技术，是指申请日以前在国内外为公众所知的技术。
第二十三条 授予专利权的外观设计，应当同申请日以前在国内外出版物上公开发表过或者国内公开使用过的外观设计不相同或者不相近似。	**第二十三条** 授予专利权的外观设计，应当同申请日以前在国内外出版物上公开发表过或者国内公开使用过的外观设计不相同或者不相近似。	**第二十三条** 授予专利权的外观设计，应当同申请日以前在国内外出版物上公开发表过或者国内公开使用过的外观设计不相同和不相近似，**并不得与**	**第二十三条** 授予专利权的外观设计，应当**不属于现有设计；也没有任何单位或者个人就同样的外观设计在申请日以前向国务院专利行政部门提出过**	**第二十三条** 授予专利权的外观设计，应当不属于现有设计；也没有任何单位或者个人就同样的外观设计在申请日以前向国务院专利行政部门提出过

		他人在先取得的合法权利相冲突。	**申请，并记载在申请日以后公告的专利文件中。** **授予专利权的外观设计与现有设计或者现有设计特征的组合相比，应当具有明显区别。** 授予专利权的外观设计不得与他人在申请日以前已经取得的合法权利相冲突。 **本法所称现有设计，是指申请日以前在国内外为公众所知的设计。**	申请，并记载在申请日以后公告的专利文件中。 授予专利权的外观设计与现有设计或者现有设计特征的组合相比，应当具有明显区别。 授予专利权的外观设计不得与他人在申请日以前已经取得的合法权利相冲突。 本法所称现有设计，是指申请日以前在国内外为公众所知的设计。
第二十四条 申请专利的发明创造在申请日以前六个月内，有下列情形之一的，不丧失新颖性： 一、在中国政府主办或者承认的国际展览会上首次展出的； 二、在规定的学术会议或者技术会议上首次发表的；	**第二十四条** 申请专利的发明创造在申请日以前六个月内，有下列情形之一的，不丧失新颖性： 一、在中国政府主办或者承认的国际展览会上首次展出的； 二、在规定的学术会议或者技术会议上首次发表的；	**第二十四条** 申请专利的发明创造在申请日以前六个月内，有下列情形之一的，不丧失新颖性： **（一）**在中国政府主办或者承认的国际展览会上首次展出的； **（二）**在规定的学术会议或者技术会议上首次发表的；	**第二十四条** 申请专利的发明创造在申请日以前六个月内，有下列情形之一的，不丧失新颖性： （一）在中国政府主办或者承认的国际展览会上首次展出的； （二）在规定的学术会议或者技术会议上首次发表的；	**第二十四条** 申请专利的发明创造在申请日以前六个月内，有下列情形之一的，不丧失新颖性： **（一）在国家出现紧急状态或者非常情况时，为公共利益目的首次公开的；** （二）在中国政府主办或者承认的国际展览会上首次展出的；

1984年	1992年	2000年	2008年	2020年
三、他人未经申请人同意而泄露其内容的。	三、他人未经申请人同意而泄露其内容的。	（三）他人未经申请人同意而泄露其内容的。	（三）他人未经申请人同意而泄露其内容的。	（三）在规定的学术会议或者技术会议上首次发表的； （四）他人未经申请人同意而泄露其内容的。
第二十五条 对下列各项，不授予专利权： 一、科学发现； 二、智力活动的规则和方法； 三、疾病的诊断和治疗方法； 四、食品、饮料和调味品； 五、药品和用化学方法获得的物质； 六、动物和植物品种； 七、用原子核变换方法获得的物质。 对上款第四项至第六项所列产品的生产方法，可以依照本法规定授予专利权。	**第二十五条** 对下列各项，不授予专利权： 一、科学发现； 二、智力活动的规则和方法； 三、疾病的诊断和治疗方法； 四、动物和植物品种； 五、用原子核变换方法获得的物质。 对上款**第四项**所列产品的生产方法，可以依照本法规定授予专利权。	**第二十五条** 对下列各项，不授予专利权： **（一）**科学发现； **（二）**智力活动的规则和方法； **（三）**疾病的诊断和治疗方法； **（四）**动物和植物品种； **（五）**用原子核变换方法获得的物质。 对**前**款第**（四）**项所列产品的生产方法，可以依照本法规定授予专利权。	**第二十五条** 对下列各项，不授予专利权： （一）科学发现； （二）智力活动的规则和方法； （三）疾病的诊断和治疗方法； （四）动物和植物品种； （五）用原子核变换方法获得的物质； **（六）对平面印刷品的图案、色彩或者二者的结合作出的主要起标识作用的设计。** 对前款第（四）项所列产品的生产方法，可以依照本法规定授予专利权。	**第二十五条** 对下列各项，不授予专利权： （一）科学发现； （二）智力活动的规则和方法； （三）疾病的诊断和治疗方法； （四）动物和植物品种； （五）**原子核变换方法以及**用原子核变换方法获得的物质； （六）对平面印刷品的图案、色彩或者二者的结合作出的主要起标识作用的设计。 对前款第（四）项所列产品的生产方法，可以依照本法规定授予专利权。

第三章　专利的申请	第三章　专利的申请	第三章　专利的申请	第三章　专利的申请	第三章　专利的申请
第二十六条	**第二十六条**	**第二十六条**	**第二十六条**	**第二十六条**
申请发明或者实用新型专利的，应当提交请求书、说明书及其摘要和权利要求书等文件。	申请发明或者实用新型专利的，应当提交请求书、说明书及其摘要和权利要求书等文件。	申请发明或者实用新型专利的，应当提交请求书、说明书及其摘要和权利要求书等文件。	申请发明或者实用新型专利的，应当提交请求书、说明书及其摘要和权利要求书等文件。	申请发明或者实用新型专利的，应当提交请求书、说明书及其摘要和权利要求书等文件。
请求书应当写明发明或者实用新型的名称，发明人或者设计人的姓名，申请人姓名或者名称、地址，以及其他事项。	请求书应当写明发明或者实用新型的名称，发明人或者设计人的姓名，申请人姓名或者名称、地址，以及其他事项。	请求书应当写明发明或者实用新型的名称，发明人或者设计人的姓名，申请人姓名或者名称、地址，以及其他事项。	请求书应当写明发明或者实用新型的名称，发明人的姓名，申请人姓名或者名称、地址，以及其他事项。	请求书应当写明发明或者实用新型的名称，发明人的姓名，申请人姓名或者名称、地址，以及其他事项。
说明书应当对发明或者实用新型作出清楚、完整的说明，以所属技术领域的技术人员能够实现为准；必要的时候，应当有附图。摘要应当简要说明发明或者实用新型的技术要点。	说明书应当对发明或者实用新型作出清楚、完整的说明，以所属技术领域的技术人员能够实现为准；必要的时候，应当有附图。摘要应当简要说明发明或者实用新型的技术要点。	说明书应当对发明或者实用新型作出清楚、完整的说明，以所属技术领域的技术人员能够实现为准；必要的时候，应当有附图。摘要应当简要说明发明或者实用新型的技术要点。	说明书应当对发明或者实用新型作出清楚、完整的说明，以所属技术领域的技术人员能够实现为准；必要的时候，应当有附图。摘要应当简要说明发明或者实用新型的技术要点。	说明书应当对发明或者实用新型作出清楚、完整的说明，以所属技术领域的技术人员能够实现为准；必要的时候，应当有附图。摘要应当简要说明发明或者实用新型的技术要点。
权利要求书应当以说明书为依据，说明要求专利保护的范围。	权利要求书应当以说明书为依据，说明要求专利保护的范围。	权利要求书应当以说明书为依据，说明要求专利保护的范围。	权利要求书应当以说明书为依据，**清楚、简要地限定**要求专利保护的范围。	权利要求书应当以说明书为依据，清楚、简要地限定要求专利保护的范围。
			依赖遗传资源完成的	依赖遗传资源完成的

1984 年	1992 年	2000 年	2008 年	2020 年
			发明创造，申请人应当在专利申请文件中说明该遗传资源的直接来源和原始来源；申请人无法说明原始来源的，应当陈述理由。	发明创造，申请人应当在专利申请文件中说明该遗传资源的直接来源和原始来源；申请人无法说明原始来源的，应当陈述理由。
第二十七条 申请外观设计专利的，应当提交请求书以及该外观设计的图片或者照片等文件，并且应当写明使用该外观设计的产品及其所属的类别。	**第二十七条** 申请外观设计专利的，应当提交请求书以及该外观设计的图片或者照片等文件，并且应当写明使用该外观设计的产品及其所属的类别。	**第二十七条** 申请外观设计专利的，应当提交请求书以及该外观设计的图片或者照片等文件，并且应当写明使用该外观设计的产品及其所属的类别。	**第二十七条** 申请外观设计专利的，应当提交请求书、该外观设计的图片或者照片**以及对该外观设计的简要说明**等文件。 **申请人提交的有关图片或者照片应当清楚地显示要求专利保护的产品的外观设计。**	**第二十七条** 申请外观设计专利的，应当提交请求书、该外观设计的图片或者照片以及对该外观设计的简要说明等文件。 申请人提交的有关图片或者照片应当清楚地显示要求专利保护的产品的外观设计。
第二十八条 专利局收到专利申请文件之日为申请日。如果申请文件是邮寄的，以寄出的邮戳日为申请日。	**第二十八条** 专利局收到专利申请文件之日为申请日。如果申请文件是邮寄的，以寄出的邮戳日为申请日。	**第二十八条** **国务院专利行政部**门收到专利申请文件之日为申请日。如果申请文件是邮寄的，以寄出的邮戳日为申请日。	**第二十八条** 国务院专利行政部门收到专利申请文件之日为申请日。如果申请文件是邮寄的，以寄出的邮戳日为申请日。	**第二十八条** 国务院专利行政部门收到专利申请文件之日为申请日。如果申请文件是邮寄的，以寄出的邮戳日为申请日。

第二十九条	第二十九条	第二十九条	第二十九条	第二十九条
外国申请人就同一发明或者实用新型在外国第一次提出专利申请之日起十二个月内，或者就同一外观设计在外国第一次提出专利申请之日起六个月内，又在中国提出申请的，依照其所属国同中国签订的协议或者共同参加的国际条约，或者依照相互承认优先权的原则，可以享有优先权，即以其在外国第一次提出申请之日为申请日。 申请人要求优先权，有本法第二十四条所列情形之一的，优先权的期限自该情形发生之日起计算。	**申请人自**发明或者实用新型在外国第一次提出专利申请之日起十二个月内，或者**自**外观设计在外国第一次提出专利申请之日起六个月内，又在中国**就相同主题**提出**专利**申请的，依照**该外国**同中国签订的协议或者共同参加的国际条约，或者依照相互承认优先权的原则，可以享有优先权。 **申请人自发明或者实用新型在中国第一次提出专利申请之日起十二个月内，又向专利局就相同主题提出专利申请的，可以享有优先权。**	申请人自发明或者实用新型在外国第一次提出专利申请之日起十二个月内，或者自外观设计在外国第一次提出专利申请之日起六个月内，又在中国就相同主题提出专利申请的，依照该外国同中国签订的协议或者共同参加的国际条约，或者依照相互承认优先权的原则，可以享有优先权。 申请人自发明或者实用新型在中国第一次提出专利申请之日起十二个月内，又向**国务院专利行政部门**就相同主题提出专利申请的，可以享有优先权。	申请人自发明或者实用新型在外国第一次提出专利申请之日起十二个月内，或者自外观设计在外国第一次提出专利申请之日起六个月内，又在中国就相同主题提出专利申请的，依照该外国同中国签订的协议或者共同参加的国际条约，或者依照相互承认优先权的原则，可以享有优先权。 申请人自发明或者实用新型在中国第一次提出专利申请之日起十二个月内，又向国务院专利行政部门就相同主题提出专利申请的，可以享有优先权。	申请人自发明或者实用新型在外国第一次提出专利申请之日起十二个月内，或者自外观设计在外国第一次提出专利申请之日起六个月内，又在中国就相同主题提出专利申请的，依照该外国同中国签订的协议或者共同参加的国际条约，或者依照相互承认优先权的原则，可以享有优先权。 申请人自发明或者实用新型在中国第一次提出专利申请之日起十二个月内，**或者自外观设计在中国第一次提出专利申请之日起六个月内，**又向国务院专利行政部门就相同主题提出专利申请的，可以享有优先权。

1984 年	1992 年	2000 年	2008 年	2020 年
第三十条 申请人要求优先权的，应当在申请的时候提出书面声明，写明在外国提出申请的申请日和受理该申请的国家，并且在三个月内提交经该国受理机关证明的该申请文件副本；未提出书面声明或者逾期未提交文件的，即被视为未要求优先权。	**第三十条** 申请人要求优先权的，应当在申请的时候提出书面声明，并且在三个月内提交**第一次提出的专利**申请文件**的**副本；未提出书面声明或者逾期未提交**专利申请**文件**副本**的，视为未要求优先权。	**第三十条** 申请人要求优先权的，应当在申请的时候提出书面声明，并且在三个月内提交第一次提出的专利申请文件的副本；未提出书面声明或者逾期未提交专利申请文件副本的，视为未要求优先权。	**第三十条** 申请人要求优先权的，应当在申请的时候提出书面声明，并且在三个月内提交第一次提出的专利申请文件的副本；未提出书面声明或者逾期未提交专利申请文件副本的，视为未要求优先权。	**第三十条** 申请人要求**发明、实用新型专利**优先权的，应当在申请的时候提出书面声明，并且在**第一次提出申请之日起十六个月内**，提交第一次提出的专利申请文件的副本。 **申请人要求外观设计专利优先权的，应当在申请的时候提出书面声明，并且在三个月内提交第一次提出的专利申请文件的副本。** **申请人**未提出书面声明或者逾期未提交专利申请文件副本的，视为未要求优先权。
第三十一条 一件发明或者实用新型专利申请应当限于一项发明或者实用新型。属于一个总的发明构思	**第三十一条** 一件发明或者实用新型专利申请应当限于一项发明或者实用新型。属于一个总的发明构思	**第三十一条** 一件发明或者实用新型专利申请应当限于一项发明或者实用新型。属于一个总的发明构思	**第三十一条** 一件发明或者实用新型专利申请应当限于一项发明或者实用新型。属于一个总的发明构思	**第三十一条** 一件发明或者实用新型专利申请应当限于一项发明或者实用新型。属于一个总的发明构思

的两项以上的发明或者实用新型，可以作为一件申请提出。 一件外观设计专利申请应当限于一种产品所使用的一项外观设计。用于同一类别并且成套出售或者使用的产品的两项以上的外观设计，可以作为一件申请提出。 **第三十二条** 申请人可以在被授予专利权之前随时撤回其专利申请。 **第三十三条** 申请人可以对其专利申请文件进行修改，但是不得超出原说明书记载的范围。	的两项以上的发明或者实用新型，可以作为一件申请提出。 一件外观设计专利申请应当限于一种产品所使用的一项外观设计。用于同一类别并且成套出售或者使用的产品的两项以上的外观设计，可以作为一件申请提出。 **第三十二条** 申请人可以在被授予专利权之前随时撤回其专利申请。 **第三十三条** 申请人可以对其专利申请文件进行修改，但是，**对发明和实用新型专利申请文件的修改**不得超出原说明书**和权利要求书**记载的范围，**对外观设计专利申请文**	的两项以上的发明或者实用新型，可以作为一件申请提出。 一件外观设计专利申请应当限于一种产品所使用的一项外观设计。用于同一类别并且成套出售或者使用的产品的两项以上的外观设计，可以作为一件申请提出。 **第三十二条** 申请人可以在被授予专利权之前随时撤回其专利申请。 **第三十三条** 申请人可以对其专利申请文件进行修改，但是，对发明和实用新型专利申请文件的修改不得超出原说明书和权利要求书记载的范围，对外观设计专利申请文	的两项以上的发明或者实用新型，可以作为一件申请提出。 一件外观设计专利申请应当限于一项外观设计。**同一产品两项以上的相似外观设计，或者**用于同一类别并且成套出售或者使用的产品的两项以上外观设计，可以作为一件申请提出。 **第三十二条** 申请人可以在被授予专利权之前随时撤回其专利申请。 **第三十三条** 申请人可以对其专利申请文件进行修改，但是，对发明和实用新型专利申请文件的修改不得超出原说明书和权利要求书记载的范围，对外观设计专利申请文	的两项以上的发明或者实用新型，可以作为一件申请提出。 一件外观设计专利申请应当限于一项外观设计。同一产品两项以上的相似外观设计，或者用于同一类别并且成套出售或者使用的产品的两项以上外观设计，可以作为一件申请提出。 **第三十二条** 申请人可以在被授予专利权之前随时撤回其专利申请。 **第三十三条** 申请人可以对其专利申请文件进行修改，但是，对发明和实用新型专利申请文件的修改不得超出原说明书和权利要求书记载的范围，对外观设计专利申请文

1984 年	1992 年	2000 年	2008 年	2020 年
	件的修改不得超出原图片或者照片表示的范围。	件的修改不得超出原图片或者照片表示的范围。	件的修改不得超出原图片或者照片表示的范围。	件的修改不得超出原图片或者照片表示的范围。
第四章　专利申请的审查和批准	**第四章　专利申请的审查和批准**	**第四章　专利申请的审查和批准**	**第四章　专利申请的审查和批准**	**第四章　专利申请的审查和批准**
第三十四条 专利局收到发明专利申请后，经初步审查认为符合本法要求的，自申请日起十八个月内，予以公布。专利局可以根据申请人的请求早日公布其申请。	**第三十四条** 专利局收到发明专利申请后，经初步审查认为符合本法要求的，自申请日起满十八个月，**即行**公布。专利局可以根据申请人的请求早日公布其申请。	**第三十四条** **国务院专利行政部**门收到发明专利申请后，经初步审查认为符合本法要求的，自申请日起满十八个月，即行公布。**国务院专利行政部门**可以根据申请人的请求早日公布其申请。	**第三十四条** 国务院专利行政部门收到发明专利申请后，经初步审查认为符合本法要求的，自申请日起满十八个月，即行公布。国务院专利行政部门可以根据申请人的请求早日公布其申请。	**第三十四条** 国务院专利行政部门收到发明专利申请后，经初步审查认为符合本法要求的，自申请日起满十八个月，即行公布。国务院专利行政部门可以根据申请人的请求早日公布其申请。
第三十五条 发明专利申请自申请日起三年内，专利局可以根据申请人随时提出的请求，对其申请进行实质审查；申请人无正当理由逾期不请求实质审查的，该申请即被视为撤回。	**第三十五条** 发明专利申请自申请日起三年内，专利局可以根据申请人随时提出的请求，对其申请进行实质审查；申请人无正当理由逾期不请求实质审查的，该申请即被视为撤回。	**第三十五条** 发明专利申请自申请日起三年内，**国务院专利行政部门**可以根据申请人随时提出的请求，对其申请进行实质审查；申请人无正当理由逾期不请求实质审查的，该申请即被视为撤回。	**第三十五条** 发明专利申请自申请日起三年内，国务院专利行政部门可以根据申请人随时提出的请求，对其申请进行实质审查；申请人无正当理由逾期不请求实质审查的，该申请即被视为撤回。	**第三十五条** 发明专利申请自申请日起三年内，国务院专利行政部门可以根据申请人随时提出的请求，对其申请进行实质审查；申请人无正当理由逾期不请求实质审查的，该申请即被视为撤回。

专利局认为必要的时候，可以自行对发明专利申请进行实质审查。	专利局认为必要的时候，可以自行对发明专利申请进行实质审查。	**国务院专利行政部门**认为必要的时候，可以自行对发明专利申请进行实质审查。	国务院专利行政部门认为必要的时候，可以自行对发明专利申请进行实质审查。	国务院专利行政部门认为必要的时候，可以自行对发明专利申请进行实质审查。
第三十六条 发明专利的申请人请求实质审查的时候，应当提交在申请日前与其发明有关的参考资料。 发明专利已经在外国提出过申请的，申请人请求实质审查的时候，应当提交该国为审查其申请进行检索的资料或者审查结果的资料；无正当理由不提交的，该申请即被视为撤回。	**第三十六条** 发明专利的申请人请求实质审查的时候，应当提交在申请日前与其发明有关的参考资料。 发明专利已经在外国提出过申请的，申请人请求实质审查的时候，应当提交该国为审查其申请进行检索的资料或者审查结果的资料；无正当理由不提交的，该申请即被视为撤回。	**第三十六条** 发明专利的申请人请求实质审查的时候，应当提交在申请日前与其发明有关的参考资料。 发明专利已经在外国提出过申请的，**国务院专利行政部门可以要求申请人在指定期限内**提交该国为审查其申请进行检索的资料或者审查结果的资料；无正当理由**逾期**不提交的，该申请即被视为撤回。	**第三十六条** 发明专利的申请人请求实质审查的时候，应当提交在申请日前与其发明有关的参考资料。 发明专利已经在外国提出过申请的，国务院专利行政部门可以要求申请人在指定期限内提交该国为审查其申请进行检索的资料或者审查结果的资料；无正当理由逾期不提交的，该申请即被视为撤回。	**第三十六条** 发明专利的申请人请求实质审查的时候，应当提交在申请日前与其发明有关的参考资料。 发明专利已经在外国提出过申请的，国务院专利行政部门可以要求申请人在指定期限内提交该国为审查其申请进行检索的资料或者审查结果的资料；无正当理由逾期不提交的，该申请即被视为撤回。
第三十七条 专利局对发明专利申请进行实质审查后，认为不符合本法规定的，应当通知申请人，要求其	**第三十七条** 专利局对发明专利申请进行实质审查后，认为不符合本法规定的，应当通知申请人，要求其	**第三十七条** **国务院专利行政部门**对发明专利申请进行实质审查后，认为不符合本法规定的，应当通知	**第三十七条** 国务院专利行政部门对发明专利申请进行实质审查后，认为不符合本法规定的，应当通知	**第三十七条** 国务院专利行政部门对发明专利申请进行实质审查后，认为不符合本法规定的，应当通知

1984 年	1992 年	2000 年	2008 年	2020 年
在指定的期限内陈述意见，或者对其申请进行修改；无正当理由逾期不答复的，该申请即被视为撤回。	在指定的期限内陈述意见，或者对其申请进行修改；无正当理由逾期不答复的，该申请即被视为撤回。	申请人，要求其在指定的期限内陈述意见，或者对其申请进行修改；无正当理由逾期不答复的，该申请即被视为撤回。	申请人，要求其在指定的期限内陈述意见，或者对其申请进行修改；无正当理由逾期不答复的，该申请即被视为撤回。	申请人，要求其在指定的期限内陈述意见，或者对其申请进行修改；无正当理由逾期不答复的，该申请即被视为撤回。
第三十八条 发明专利申请经申请人陈述意见或者进行修改后，专利局仍然认为不符合本法规定的，应当予以驳回。	**第三十八条** 发明专利申请经申请人陈述意见或者进行修改后，专利局仍然认为不符合本法规定的，应当予以驳回。	**第三十八条** 发明专利申请经申请人陈述意见或者进行修改后，**国务院专利行政部门**仍然认为不符合本法规定的，应当予以驳回。	**第三十八条** 发明专利申请经申请人陈述意见或者进行修改后，国务院专利行政部门仍然认为不符合本法规定的，应当予以驳回。	**第三十八条** 发明专利申请经申请人陈述意见或者进行修改后，国务院专利行政部门仍然认为不符合本法规定的，应当予以驳回。
第三十九条 发明专利申请经实质审查没有发现驳回理由的，专利局应当作出审定，予以公告，并通知申请人。	**第三十九条** 发明专利申请经实质审查没有发现驳回理由的，专利局应当作出**授予发明专利权的决定，发给发明专利证书，并**予以**登记和**公告。	**第三十九条** 发明专利申请经实质审查没有发现驳回理由的，**由国务院专利行政部门**作出授予发明专利权的决定，发给发明专利证书，**同时**予以登记和公告。**发明专利权自公告之日起生效。**	**第三十九条** 发明专利申请经实质审查没有发现驳回理由的，由国务院专利行政部门作出授予发明专利权的决定，发给发明专利证书，同时予以登记和公告。发明专利权自公告之日起生效。	**第三十九条** 发明专利申请经实质审查没有发现驳回理由的，由国务院专利行政部门作出授予发明专利权的决定，发给发明专利证书，同时予以登记和公告。发明专利权自公告之日起生效。

第四十条 专利局收到实用新型和外观设计专利申请后，经初步审查认为符合本法要求的，不再进行实质审查，即行公告，并通知申请人。	**第四十条** 实用新型和外观设计专利申请经初步审查**没有发现驳回理由的，**专利局**应当作出授予实用新型专利权或者外观设计专利权的决定，发给相应的专利证书，并予以登记和**公告。	**第四十条** 实用新型和外观设计专利申请经初步审查没有发现驳回理由的，**由国务院专利行政部门**作出授予实用新型专利权或者外观设计专利权的决定，发给相应的专利证书，**同时**予以登记和公告。**实用新型专利权和外观设计专利权自公告之日起生效。**	**第四十条** 实用新型和外观设计专利申请经初步审查没有发现驳回理由的，由国务院专利行政部门作出授予实用新型专利权或者外观设计专利权的决定，发给相应的专利证书，同时予以登记和公告。实用新型专利权和外观设计专利权自公告之日起生效。	**第四十条** 实用新型和外观设计专利申请经初步审查没有发现驳回理由的，由国务院专利行政部门作出授予实用新型专利权或者外观设计专利权的决定，发给相应的专利证书，同时予以登记和公告。实用新型专利权和外观设计专利权自公告之日起生效。
第四十一条 专利申请自公告之日起三个月内，任何人都可以依照本法规定向专利局对该申请提出异议。专利局应当将异议的副本送交申请人，申请人应当在收到异议副本之日起三个月内提出书面答复；无正当理由逾期不提出书面答复的，该申请即被视为撤回。	**第四十一条** **自专利局公告授予专利权**之日起六个月内，**任何单位或者个人认为该专利权的授予不符合本法有关规定的，都可以请求专利局撤销该专利权。**	（删除）		**第四十一条** 专利申请人对国务院专利行政部门驳回申请的决定不服的，可以自收到通知之日起三个月内向**国务院专利行政部门**请求复审。**国务院专利行政部门**复审后，作出决定，并通知专利申请人。 专利申请人对**国务院专利行政部门**的复审决

1984 年	1992 年	2000 年	2008 年	2020 年
				定不服的，可以自收到通知之日起三个月内向人民法院起诉。
第四十二条 专利局经审查认为异议成立的，应当作出驳回申请的决定，并通知异议人和申请人。	**第四十二条** 专利局**对撤销专利权的请求进行审查，作出撤销或者维持专利权的决定，**并通知**请求人和专利权人。撤销专利权的决定，由专利局登记和公告。**	（删除）		
第四十三条 专利局设立专利复审委员会。申请人对专利局驳回申请的决定不服的，可以在收到通知之日起三个月内，向专利复审委员会请求复审。专利复审委员会复审后，作出决定，并通知申请人。 发明专利的申请人对专利复审委员会驳回	**第四十三条** 专利局设立专利复审委员会。对专利局驳回申请的决定不服的，**或者对专利局撤销或者维持专利权的决定不服的，**可以**自**收到通知之日起三个月内，向专利复审委员会请求复审。专利复审委员会复审后，作出决定，并通知**专利**	**第四十一条** **国务院专利行政部**门设立专利复审委员会。**专利申请人**对**国务院专利行政部门**驳回申请的决定不服的，可以自收到通知之日起三个月内，向专利复审委员会请求复审。专利复审委员会复审后，作出决定，并通知专利申请人。	**第四十一条** 国务院专利行政部门设立专利复审委员会。专利申请人对国务院专利行政部门驳回申请的决定不服的，可以自收到通知之日起三个月内，向专利复审委员会请求复审。专利复审委员会复审后，作出决定，并通知专利申请人。	

复审请求的决定不服的，可以在收到通知之日起三个月内向人民法院起诉。 专利复审委员会对申请人关于实用新型和外观设计的复审请求所作出的决定为终局决定。	申请人、**专利权人或者撤销专利权的请求人**。 发明专利的申请人、**发明专利权人或者撤销发明专利权的请求人**对专利复审委员会**的复审决定**不服的，可以**自**收到通知之日起三个月内向人民法院起诉。 专利复审委员会对申请人、**专利权人或者撤销专利权的请求人**关于实用新型和外观设计的复审请求所作出的决定为终局决定。	专利申请人对专利复审委员会的复审决定不服的，可以自收到通知之日起三个月内向人民法院起诉。	专利申请人对专利复审委员会的复审决定不服的，可以自收到通知之日起三个月内向人民法院起诉。	
第四十四条 对专利申请无异议或者经审查异议不成立的，专利局应当作出授予专利权的决定，发给专利证书，并将有关事项予以登记和公告。	**第四十四条** **被撤销的专利权视为自始即不存在。**	（删除）		

1984 年	1992 年	2000 年	2008 年	2020 年
第五章　专利权的期限、终止和无效 第四十五条 发明专利权的期限为十五年，自申请日起计算。 实用新型和外观设计专利权的期限为五年，自申请日起计算，期满前专利权人可以申请续展三年。 专利权人享有优先权的，专利权的期限自在中国申请之日起计算。	第五章　专利权的期限、终止和无效 第四十五条 发明专利权的期限为**二十**年，实用新型专利权和外观设计专利权的期限为**十**年，**均**自申请日起计算。	第五章　专利权的期限、终止和无效 第四十二条 发明专利权的期限为二十年，实用新型专利权和外观设计专利权的期限为十年，均自申请日起计算。	第五章　专利权的期限、终止和无效 第四十二条 发明专利权的期限为二十年，实用新型专利权和外观设计专利权的期限为十年，均自申请日起计算。	第五章　专利权的期限、终止和无效 第四十二条 发明专利权的期限为二十年，实用新型专利权的期限为十年，**外观设计专利权的期限为十五年，**均自申请日起计算。 **自发明专利申请日起满四年，且自实质审查请求之日起满三年后授予发明专利权的，国务院专利行政部门应专利权人的请求，就发明专利在授权过程中的不合理延迟给予专利权期限补偿，但由申请人引起的不合理延迟除外。** **为补偿新药上市审评审批占用的时间，对在中国获得上市许可的新药相关发明专利，国务院专利行政部门应专利**

				权人的请求给予专利权期限补偿。补偿期限不超过五年，新药批准上市后总有效专利权期限不超过十四年。
第四十六条 专利权人应当自被授予专利权的当年开始缴纳年费。	**第四十六条** 专利权人应当自被授予专利权的当年开始缴纳年费。	**第四十三条** 专利权人应当自被授予专利权的当年开始缴纳年费。	**第四十三条** 专利权人应当自被授予专利权的当年开始缴纳年费。	**第四十三条** 专利权人应当自被授予专利权的当年开始缴纳年费。
第四十七条 有下列情形之一的，专利权在期限届满前终止： 一、没有按照规定缴纳年费的； 二、专利权人以书面声明放弃其专利权的。 专利权的终止，由专利局登记和公告。	**第四十七条** 有下列情形之一的，专利权在期限届满前终止： 一、没有按照规定缴纳年费的； 二、专利权人以书面声明放弃其专利权的。 专利权的终止，由专利局登记和公告。	**第四十四条** 有下列情形之一的，专利权在期限届满前终止： **（一）**没有按照规定缴纳年费的； **（二）**专利权人以书面声明放弃其专利权的。 专利权**在期限届满前终止的**，由**国务院专利行政部门**登记和公告。	**第四十四条** 有下列情形之一的，专利权在期限届满前终止： （一）没有按照规定缴纳年费的； （二）专利权人以书面声明放弃其专利权的。 专利权在期限届满前终止的，由国务院专利行政部门登记和公告。	**第四十四条** 有下列情形之一的，专利权在期限届满前终止： （一）没有按照规定缴纳年费的； （二）专利权人以书面声明放弃其专利权的。 专利权在期限届满前终止的，由国务院专利行政部门登记和公告。
第四十八条 专利权被授予后，任	**第四十八条** **自专利局公告授予专**	**第四十五条** 自**国务院专利行政部**	**第四十五条** 自国务院专利行政部	**第四十五条** 自国务院专利行政部

1984 年	1992 年	2000 年	2008 年	2020 年
何单位或者个人认为该专利权的授予不符合本法规定的，都可以请求专利复审委员会宣告该专利权无效。	**利权之日起满六个月**后，任何单位或者个人认为该专利权的授予不符合本法有关规定的，都可以请求专利复审委员会宣告该专利权无效。	门公告授予专利权之日起，任何单位或者个人认为该专利权的授予不符合本法有关规定的，可以请求专利复审委员会宣告该专利权无效。	门公告授予专利权之日起，任何单位或者个人认为该专利权的授予不符合本法有关规定的，可以请求专利复审委员会宣告该专利权无效。	门公告授予专利权之日起，任何单位或者个人认为该专利权的授予不符合本法有关规定的，可以请求**国务院专利行政部门**宣告该专利权无效。
第四十九条 专利复审委员会对宣告专利权无效的请求进行审查，作出决定，并通知请求人和专利权人。宣告专利权无效的决定，由专利局登记和公告。 对专利复审委员会宣告发明专利权无效或者维持发明专利权的决定不服的，可以在收到通知之日起三个月内向人民法院起诉。 专利复审委员会对宣告实用新型和外观设计专利权无效的请求所作出的决定为终局决定。	**第四十九条** 专利复审委员会对宣告专利权无效的请求进行审查，作出决定，并通知请求人和专利权人。宣告专利权无效的决定，由专利局登记和公告。 对专利复审委员会宣告发明专利权无效或者维持发明专利权的决定不服的，可以在收到通知之日起三个月内向人民法院起诉。 专利复审委员会对宣告实用新型和外观设计专利权无效的请求所作出的决定为终局决定。	**第四十六条** 专利复审委员会对宣告专利权无效的请求**应当及时**审查**和**作出决定，并通知请求人和专利权人。宣告专利权无效的决定，由**国务院专利行政部门**登记和公告。 对专利复审委员会宣告专利权无效或者维持专利权的决定不服的，可以自收到通知之日起三个月内向人民法院起诉。**人民法院应当通知无效宣告请求程序的对方当事人作为第三人参加诉讼。**	**第四十六条** 专利复审委员会对宣告专利权无效的请求应当及时审查和作出决定，并通知请求人和专利权人。宣告专利权无效的决定，由国务院专利行政部门登记和公告。 对专利复审委员会宣告专利权无效或者维持专利权的决定不服的，可以自收到通知之日起三个月内向人民法院起诉。人民法院应当通知无效宣告请求程序的对方当事人作为第三人参加诉讼。	**第四十六条** **国务院专利行政部门**对宣告专利权无效的请求应当及时审查和作出决定，并通知请求人和专利权人。宣告专利权无效的决定，由国务院专利行政部门登记和公告。 对**国务院专利行政部门**宣告专利权无效或者维持专利权的决定不服的，可以自收到通知之日起三个月内向人民法院起诉。人民法院应当通知无效宣告请求程序的对方当事人作为第三人参加诉讼。

第五十条	**第五十条**	**第四十七条**	**第四十七条**	**第四十七条**
宣告无效的专利权视为自始即不存在。	宣告无效的专利权视为自始即不存在。 **宣告专利权无效的决定，对在宣告专利权无效前人民法院作出并已执行的专利侵权的判决、裁定，专利管理机关作出并已执行的专利侵权处理决定，以及已经履行的专利实施许可合同和专利权转让合同，不具有追溯力。但是因专利权人的恶意给他人造成的损失，应当给予赔偿。** **如果依照上款规定，专利权人或者专利权转让人不向被许可实施专利人或者专利权受让人返还专利使用费或者专利权转让费，明显违反公平原则，专利权人或者专利权转让人应当向被许可实施专利人或者**	宣告无效的专利权视为自始即不存在。 宣告专利权无效的决定，对在宣告专利权无效前人民法院作出并已执行的专利侵权的判决、裁定，**已经履行或者强制执行的**专利侵权**纠纷**处理决定，以及已经履行的专利实施许可合同和专利权转让合同，不具有追溯力。但是因专利权人的恶意给他人造成的损失，应当给予赔偿。 如果依照**前**款规定，专利权人或者专利权转让人不向被许可实施专利人或者专利权受让人返还专利使用费或者专利权转让费，明显违反公平原则，专利权人或者专利权转让人应当向被许可实施专利人或者	宣告无效的专利权视为自始即不存在。 宣告专利权无效的决定，对在宣告专利权无效前人民法院作出并已执行的专利侵权的判决、**调解书，**已经履行或者强制执行的专利侵权纠纷处理决定，以及已经履行的专利实施许可合同和专利权转让合同，不具有追溯力。但是因专利权人的恶意给他人造成的损失，应当给予赔偿。 依照前款规定**不返还专利侵权赔偿金**、专利使用费、专利权转让费，明显违反公平原则**的，应当全部或者部分返还**。	宣告无效的专利权视为自始即不存在。 宣告专利权无效的决定，对在宣告专利权无效前人民法院作出并已执行的专利侵权的判决、调解书，已经履行或者强制执行的专利侵权纠纷处理决定，以及已经履行的专利实施许可合同和专利权转让合同，不具有追溯力。但是因专利权人的恶意给他人造成的损失，应当给予赔偿。 依照前款规定不返还专利侵权赔偿金、专利使用费、专利权转让费，明显违反公平原则的，应当全部或者部分返还。

1984 年	1992 年	2000 年	2008 年	2020 年
	专利权受让人返还全部或者部分专利使用费或者专利权转让费。 本条第二款、第三款的规定适用于被撤销的专利权。	专利权受让人返还全部或者部分专利使用费或者专利权转让费。		
第六章　专利实施的强制许可	第六章　专利实施的强制许可	第六章　专利实施的强制许可	第六章　专利实施的强制许可	第六章　专利实施的特别许可
第五十一条 专利权人负有自己在中国制造其专利产品、使用其专利方法或者许可他人在中国制造其专利产品、使用其专利方法的义务。	（删除）			
				第四十八条（新增） **国务院专利行政部门、地方人民政府管理专利工作的部门应当会同同级相关部门采取措施，加强专利公共服务，促进专利实施和运用。**

				第四十九条 国有企业事业单位的发明专利，对国家利益或者公共利益具有重大意义的，国务院有关主管部门和省、自治区、直辖市人民政府报经国务院批准，可以决定在批准的范围内推广应用，允许指定的单位实施，由实施单位按照国家规定向专利权人支付使用费。 第五十条（*新增*） 专利权人自愿以书面方式向国务院专利行政部门声明愿意许可任何单位或者个人实施其专利，并明确许可使用费支付方式、标准的，由国务院专利行政部门予以公告，实行开放许可。就实用新型、外观设计专利提出开放许可声明的，应当提供专利权评价报告。 专利权人撤回开放许

1984 年	1992 年	2000 年	2008 年	2020 年
				可声明的，应当以书面方式提出，并由国务院专利行政部门予以公告。开放许可声明被公告撤回的，不影响在先给予的开放许可的效力。 第五十一条（新增）任何单位或者个人有意愿实施开放许可的专利的，以书面方式通知专利权人，并依照公告的许可使用费支付方式、标准支付许可使用费后，即获得专利实施许可。 开放许可实施期间，对专利权人缴纳专利年费相应给予减免。 实行开放许可的专利权人可以与被许可人就许可使用费进行协商后给予普通许可，但不得就该专利给予独占或者排他许可。

				第五十二条（新增） **当事人就实施开放许可发生纠纷的，由当事人协商解决；不愿协商或者协商不成的，可以请求国务院专利行政部门进行调解，也可以向人民法院起诉。**
第五十二条 发明和实用新型专利权人自专利权被授予之日起满三年，无正当理由没有履行本法第五十一条规定的义务的，专利局根据具备实施条件的单位的申请，可以给予实施该专利的强制许可。	第五十一条 **具备实施条件的单位以合理的条件请求发明或者实用新型专利权人许可实施其专利，而未能在合理长的时间内获得这种许可时，专利局根据该单位的申请，可以给予实施该发明专利或者实用新型专利的强制许可。**	第四十八条 具备实施条件的单位以合理的条件请求发明或者实用新型专利权人许可实施其专利，而未能在合理长的时间内获得这种许可时，**国务院专利行政部门**根据该单位的申请，可以给予实施该发明专利或者实用新型专利的强制许可。	第四十八条 **有下列情形之一的，**国务院专利行政部门根据**具备实施条件的**单位**或者个人**的申请，可以给予实施发明专利或者实用新型专利的强制许可： **（一）专利权人自专利权被授予之日起满三年，且自提出专利申请之日起满四年，无正当理由未实施或者未充分实施其专利的；** **（二）专利权人行使专利权的行为被依法认定为垄断行为，为消除或者减少该行为对竞争产生的不利影响的。**	第五十三条 有下列情形之一的，国务院专利行政部门根据具备实施条件的单位或者个人的申请，可以给予实施发明专利或者实用新型专利的强制许可： （一）专利权人自专利权被授予之日起满三年，且自提出专利申请之日起满四年，无正当理由未实施或者未充分实施其专利的； （二）专利权人行使专利权的行为被依法认定为垄断行为，为消除或者减少该行为对竞争产生的不利影响的。

1984 年	1992 年	2000 年	2008 年	2020 年
	第五十二条（新增） **在国家出现紧急状态或者非常情况时，或者为了公共利益的目的，专利局可以给予实施发明专利或者实用新型专利的强制许可。**	**第四十九条** 在国家出现紧急状态或者非常情况时，或者为了公共利益的目的，**国务院专利行政部门**可以给予实施发明专利或者实用新型专利的强制许可。	**第四十九条** 在国家出现紧急状态或者非常情况时，或者为了公共利益的目的，国务院专利行政部门可以给予实施发明专利或者实用新型专利的强制许可。	**第五十四条** 在国家出现紧急状态或者非常情况时，或者为了公共利益的目的，国务院专利行政部门可以给予实施发明专利或者实用新型专利的强制许可。
			第五十条（新增） **为了公共健康目的，对取得专利权的药品，国务院专利行政部门可以给予制造并将其出口到符合中华人民共和国参加的有关国际条约规定的国家或者地区的强制许可。**	**第五十五条** 为了公共健康目的，对取得专利权的药品，国务院专利行政部门可以给予制造并将其出口到符合中华人民共和国参加的有关国际条约规定的国家或者地区的强制许可。
第五十三条 一项取得专利权的发明或者实用新型比前已经取得专利权的发明或者实用新型在技术上先进，其实施又有赖于前	**第五十三条** 一项取得专利权的发明或者实用新型比前已经取得专利权的发明或者实用新型在技术上先进，其实施又有赖于前	**第五十条** 一项取得专利权的发明或者实用新型比前已经取得专利权的发明或者实用新型**具有显著经济意义的重大技术进步，**	**第五十一条** 一项取得专利权的发明或者实用新型比前已经取得专利权的发明或者实用新型具有显著经济意义的重大技术进步，	**第五十六条** 一项取得专利权的发明或者实用新型比前已经取得专利权的发明或者实用新型具有显著经济意义的重大技术进步，

一发明或者实用新型的实施的，专利局根据后一专利权人的申请，可以给予实施前一发明或者实用新型的强制许可。 在依照上款规定给予实施强制许可的情形下，专利局根据前一专利权人的申请，也可以给予实施后一发明或者实用新型的强制许可。	一发明或者实用新型的实施的，专利局根据后一专利权人的申请，可以给予实施前一发明或者实用新型的强制许可。 在依照上款规定给予实施强制许可的情形下，专利局根据前一专利权人的申请，也可以给予实施后一发明或者实用新型的强制许可。	其实施又有赖于前一发明或者实用新型的实施的，**国务院专利行政部门**根据后一专利权人的申请，可以给予实施前一发明或者实用新型的强制许可。 在依照**前**款规定给予实施强制许可的情形下，**国务院专利行政部门**根据前一专利权人的申请，也可以给予实施后一发明或者实用新型的强制许可。	其实施又有赖于前一发明或者实用新型的实施的，国务院专利行政部门根据后一专利权人的申请，可以给予实施前一发明或者实用新型的强制许可。 在依照前款规定给予实施强制许可的情形下，国务院专利行政部门根据前一专利权人的申请，也可以给予实施后一发明或者实用新型的强制许可。 **第五十二条**（新增） **强制许可涉及的发明创造为半导体技术的，其实施限于公共利益的目的和本法第四十八条第（二）项规定的情形。** **第五十三条**（新增） **除依照本法第四十八条第（二）项、第五十条**	其实施又有赖于前一发明或者实用新型的实施的，国务院专利行政部门根据后一专利权人的申请，可以给予实施前一发明或者实用新型的强制许可。 在依照前款规定给予实施强制许可的情形下，国务院专利行政部门根据前一专利权人的申请，也可以给予实施后一发明或者实用新型的强制许可。 **第五十七条** 强制许可涉及的发明创造为半导体技术的，其实施限于公共利益的目的和本法第**五十三**条第（二）项规定的情形。 **第五十八条** 除依照本法第**五十三**条第（二）项、第**五十五**

1984 年	1992 年	2000 年	2008 年	2020 年
			规定给予的强制许可外，强制许可的实施应当主要为了供应国内市场。	条规定给予的强制许可外，强制许可的实施应当主要为了供应国内市场。
第五十四条 依照本法规定申请实施强制许可的单位或者个人，应当提出未能以合理条件与专利权人签订实施许可合同的证明。	**第五十四条** 依照本法规定申请实施强制许可的单位或者个人，应当提出未能以合理条件与专利权人签订实施许可合同的证明。	**第五十一条** 依照本法规定申请实施强制许可的单位或者个人，应当提出未能以合理条件与专利权人签订实施许可合同的证明。	**第五十四条** 依照本法**第四十八条第（一）项、第五十一条**规定申请强制许可的单位或者个人应当**提供证据，证明其以**合理的条件**请求**专利权人**许可其实施专利，但未能在**合理**的时间内获得许可。**	**第五十九条** 依照本法第**五十三**条第（一）项、第**五十六**条规定申请强制许可的单位或者个人应当提供证据，证明其以合理的条件请求专利权人许可其实施专利，但未能在合理的时间内获得许可。
第五十五条 专利局作出的给予实施强制许可的决定，应当予以登记和公告。	**第五十五条** 专利局作出的给予实施强制许可的决定，应当予以登记和公告。	**第五十二条** **国务院专利行政部**门作出的给予实施强制许可的决定，应当**及时通知专利权人，并**予以登记和公告。 **给予实施强制许可的决定，应当根据强制许可的理由规定实施的范围和时间。强制许可的**	**第五十五条** 国务院专利行政部门作出的给予实施强制许可的决定，应当及时通知专利权人，并予以登记和公告。 给予实施强制许可的决定，应当根据强制许可的理由规定实施的范围和时间。强制许可的	**第六十条** 国务院专利行政部门作出的给予实施强制许可的决定，应当及时通知专利权人，并予以登记和公告。 给予实施强制许可的决定，应当根据强制许可的理由规定实施的范围和时间。强制许可的

		理由消除并不再发生时，国务院专利行政部门应当根据专利权人的请求，经审查后作出终止实施强制许可的决定。	理由消除并不再发生时，国务院专利行政部门应当根据专利权人的请求，经审查后作出终止实施强制许可的决定。	理由消除并不再发生时，国务院专利行政部门应当根据专利权人的请求，经审查后作出终止实施强制许可的决定。
第五十六条 取得实施强制许可的单位或者个人不享有独占的实施权，并且无权允许他人实施。	**第五十六条** 取得实施强制许可的单位或者个人不享有独占的实施权，并且无权允许他人实施。	**第五十三条** 取得实施强制许可的单位或者个人不享有独占的实施权，并且无权允许他人实施。	**第五十六条** 取得实施强制许可的单位或者个人不享有独占的实施权，并且无权允许他人实施。	**第六十一条** 取得实施强制许可的单位或者个人不享有独占的实施权，并且无权允许他人实施。
第五十七条 取得实施强制许可的单位或者个人应当付给专利权人合理的使用费，其数额由双方商定；双方不能达成协议的，由专利局裁决。	**第五十七条** 取得实施强制许可的单位或者个人应当付给专利权人合理的使用费，其数额由双方商定；双方不能达成协议的，由专利局裁决。	**第五十四条** 取得实施强制许可的单位或者个人应当付给专利权人合理的使用费，其数额由双方**协商**；双方不能达成协议的，由**国务院专利行政部门**裁决。	**第五十七条** 取得实施强制许可的单位或者个人应当付给专利权人合理的使用费，**或者依照中华人民共和国参加的有关国际条约的规定处理使用费问题。付给使用费的，**其数额由双方协商；双方不能达成协议的，由国务院专利行政部门裁决。	**第六十二条** 取得实施强制许可的单位或者个人应当付给专利权人合理的使用费，或者依照中华人民共和国参加的有关国际条约的规定处理使用费问题。付给使用费的，其数额由双方协商；双方不能达成协议的，由国务院专利行政部门裁决。

1984 年	1992 年	2000 年	2008 年	2020 年
第五十八条 专利权人对专利局关于实施强制许可的决定或者关于实施强制许可的使用费的裁决不服的，可以在收到通知之日起三个月内向人民法院起诉。	**第五十八条** 专利权人对专利局关于实施强制许可的决定或者关于实施强制许可的使用费的裁决不服的，可以在收到通知之日起三个月内向人民法院起诉。	**第五十五条** 专利权人对**国务院专利行政部门**关于实施强制许可的决定不服的，**专利权人和取得实施强制许可的单位或者个人对国务院专利行政部门**关于实施强制许可的使用费的裁决不服的，可以**自**收到通知之日起三个月内向人民法院起诉。	**第五十八条** 专利权人对国务院专利行政部门关于实施强制许可的决定不服的，专利权人和取得实施强制许可的单位或者个人对国务院专利行政部门关于实施强制许可的使用费的裁决不服的，可以自收到通知之日起三个月内向人民法院起诉。	**第六十三条** 专利权人对国务院专利行政部门关于实施强制许可的决定不服的，专利权人和取得实施强制许可的单位或者个人对国务院专利行政部门关于实施强制许可的使用费的裁决不服的，可以自收到通知之日起三个月内向人民法院起诉。
第七章　专利权的保护	**第七章　专利权的保护**	**第七章　专利权的保护**	**第七章　专利权的保护**	**第七章　专利权的保护**
第五十九条 发明或者实用新型专利权的保护范围以其权利要求的内容为准，说明书及附图可以用于解释权利要求。 外观设计专利权的保护范围以表示在图片或者照片中的该外观设计专利产品为准。	**第五十九条** 发明或者实用新型专利权的保护范围以其权利要求的内容为准，说明书及附图可以用于解释权利要求。 外观设计专利权的保护范围以表示在图片或者照片中的该外观设计专利产品为准。	**第五十六条** 发明或者实用新型专利权的保护范围以其权利要求的内容为准，说明书及附图可以用于解释权利要求。 外观设计专利权的保护范围以表示在图片或者照片中的该外观设计专利产品为准。	**第五十九条** 发明或者实用新型专利权的保护范围以其权利要求的内容为准，说明书及附图可以用于解释权利要求**的内容**。 外观设计专利权的保护范围以表示在图片或者照片中的该**产品的外观设计**为准，**简要说明**	**第六十四条** 发明或者实用新型专利权的保护范围以其权利要求的内容为准，说明书及附图可以用于解释权利要求的内容。 外观设计专利权的保护范围以表示在图片或者照片中的该产品的外观设计为准，简要说明

<table>
<tr>
<td>第六十条
对未经专利权人许可，实施其专利的侵权行为，专利权人或者利害关系人可以请求专利管理机关进行处理，也可以直接向人民法院起诉。专利管理机关处理的时候，有权责令侵权人停止侵权行为，并赔偿损失；当事人不服的，可以在收到通知之日起三个月内向人民法院起诉；期满不起诉又不履行的，专利管理机关可以请求人民法院强制执行。
在发生侵权纠纷的时候，如果发明专利是一项产品的制造方法，制造同样产品的单位或者个人应当提供其产品制造方法的证明。</td>
<td>第六十条
对未经专利权人许可，实施其专利的侵权行为，专利权人或者利害关系人可以请求专利管理机关进行处理，也可以直接向人民法院起诉。专利管理机关处理的时候，有权责令侵权人停止侵权行为，并赔偿损失；当事人不服的，可以在收到通知之日起三个月内向人民法院起诉；期满不起诉又不履行的，专利管理机关可以请求人民法院强制执行。
在发生侵权纠纷的时候，如果发明专利是一项新产品的制造方法，制造同样产品的单位或者个人应当提供其产品制造方法的证明。</td>
<td>第五十七条
未经专利权人许可，实施其专利即侵犯其专利权，引起纠纷的，由当事人协商解决；不愿协商或者协商不成的，专利权人或者利害关系人可以向人民法院起诉，也可以请求管理专利工作的部门处理。管理专利工作的部门处理时，认定侵权行为成立的，可以责令侵权人立即停止侵权行为，当事人不服的，可以自收到处理通知之日起十五日内依照《中华人民共和国行政诉讼法》向人民法院起诉；侵权人期满不起诉又不停止侵权行为的，管理专利工作的部门可以申请人民法院强制执行。</td>
<td>可以用于解释图片或者照片所表示的该产品的外观设计。

第六十条
未经专利权人许可，实施其专利，即侵犯其专利权，引起纠纷的，由当事人协商解决；不愿协商或者协商不成的，专利权人或者利害关系人可以向人民法院起诉，也可以请求管理专利工作的部门处理。管理专利工作的部门处理时，认定侵权行为成立的，可以责令侵权人立即停止侵权行为，当事人不服的，可以自收到处理通知之日起十五日内依照《中华人民共和国行政诉讼法》向人民法院起诉；侵权人期满不起诉又不停止侵权行为的，管理专利工作的部门可以申请人民法院强制执行。</td>
<td>可以用于解释图片或者照片所表示的该产品的外观设计。

第六十五条
未经专利权人许可，实施其专利，即侵犯其专利权，引起纠纷的，由当事人协商解决；不愿协商或者协商不成的，专利权人或者利害关系人可以向人民法院起诉，也可以请求管理专利工作的部门处理。管理专利工作的部门处理时，认定侵权行为成立的，可以责令侵权人立即停止侵权行为，当事人不服的，可以自收到处理通知之日起十五日内依照《中华人民共和国行政诉讼法》向人民法院起诉；侵权人期满不起诉又不停止侵权行为的，管理专利工作的部门可以申请人民法院强制执行。</td>
</tr>
</table>

1984 年	1992 年	2000 年	2008 年	2020 年
		进行处理的管理专利工作的部门应当事人的请求，可以就侵犯专利权的赔偿数额进行调解；调解不成的，当事人可以依照《中华人民共和国民事诉讼法》向人民法院起诉。 **专利侵权纠纷涉及**新产品制造方法的发明专利的，制造同样产品的单位或者个人应当提供其产品制造方法**不同**于专利方法的证明；**涉及实用新型专利的，人民法院或者管理专利工作的部门可以要求专利权人出具由国务院专利行政部门作出的检索报告。**	进行处理的管理专利工作的部门应当事人的请求，可以就侵犯专利权的赔偿数额进行调解；调解不成的，当事人可以依照《中华人民共和国民事诉讼法》向人民法院起诉。 **第六十一条** 专利侵权纠纷涉及新产品制造方法的发明专利的，制造同样产品的	进行处理的管理专利工作的部门应当事人的请求，可以就侵犯专利权的赔偿数额进行调解；调解不成的，当事人可以依照《中华人民共和国民事诉讼法》向人民法院起诉。 **第六十六条** 专利侵权纠纷涉及新产品制造方法的发明专利的，制造同样产品的

			单位或者个人应当提供其产品制造方法不同于专利方法的证明。 **专利侵权纠纷**涉及实用新型专利**或者外观设计专利**的，人民法院或者管理专利工作的部门可以要求专利权人**或者利害关系人**出具由国务院专利行政部门**对相关实用新型或者外观设计进行检索、分析和评价后作出的专利权评价报告，作为审理、处理专利侵权纠纷的证据。**	单位或者个人应当提供其产品制造方法不同于专利方法的证明。 专利侵权纠纷涉及实用新型专利或者外观设计专利的，人民法院或者管理专利工作的部门可以要求专利权人或者利害关系人出具由国务院专利行政部门对相关实用新型或者外观设计进行检索、分析和评价后作出的专利权评价报告，作为审理、处理专利侵权纠纷的证据；**专利权人、利害关系人或者被控侵权人也可以主动出具专利权评价报告。**
			第六十二条（新增） **在专利侵权纠纷中，被控侵权人有证据证明其实施的技术或者设计属于现有技术或者现有设计的，不构成侵犯专利权。**	**第六十七条** 在专利侵权纠纷中，被控侵权人有证据证明其实施的技术或者设计属于现有技术或者现有设计的，不构成侵犯专利权。

1984 年	1992 年	2000 年	2008 年	2020 年
第六十三条 假冒他人专利的，依照本法第六十条的规定处理；情节严重的，对直接责任人员比照刑法第一百二十七条的规定追究刑事责任。（为方便对照此条提前排在此处。）	第六十三条 假冒他人专利的，依照本法第六十条的规定处理；情节严重的，对直接责任人员比照刑法第一百二十七条的规定追究刑事责任。 **将非专利产品冒充专利产品的或者将非专利方法冒充专利方法的，由专利管理机关责令停止冒充行为，公开更正，并处以罚款。**（为方便对照此条提前排在此处。）	第五十八条 假冒他人专利的，**除依法承担民事责任外，由管理专利工作的部门责令改正并予公告，没收违法所得，可以并处违法所得三倍以下的罚款，没有违法所得的，可以处五万元以下的罚款；构成犯罪的，依法**追究刑事责任。	第六十三条 **假冒专利**的，除依法承担民事责任外，由管理专利工作的部门责令改正并予公告，没收违法所得，可以并处违法所得**四倍**以下的罚款；没有违法所得的，可以处二十万元以下的罚款；构成犯罪的，依法追究刑事责任。	第六十八条 假冒专利的，除依法承担民事责任外，由**负责专利执法**的部门责令改正并予公告，没收违法所得，可以处违法所得**五**倍以下的罚款；没有违法所得**或者违法所得在五万元以下**的，可以处**二十五**万元以下的罚款；构成犯罪的，依法追究刑事责任。
		第五十九条 **以**非专利产品冒充专利产品、**以**非专利方法冒充专利方法的，由**管理专利工作的部门**责令**改正并予公告，可以处五万元以下的**罚款。		
			第六十四条（新增） **管理专利工作的部门**	第六十九条 **负责专利执法**的部门

			根据已经取得的证据，对涉嫌假冒专利行为进行查处时，可以询问有关当事人，调查与涉嫌违法行为有关的情况；对当事人涉嫌违法行为的场所实施现场检查；查阅、复制与涉嫌违法行为有关的合同、发票、账簿以及其他有关资料；检查与涉嫌违法行为有关的产品，对有证据证明是假冒专利的产品，可以查封或者扣押。 **管理专利工作的部门依法行使前款规定的职权时，当事人应当予以协助、配合，不得拒绝、阻挠。**	根据已经取得的证据，对涉嫌假冒专利行为进行查处时，**有权采取下列措施：** （一）询问有关当事人，调查与涉嫌违法行为有关的情况； （二）对当事人涉嫌违法行为的场所实施现场检查； （三）查阅、复制与涉嫌违法行为有关的合同、发票、账簿以及其他有关资料； （四）检查与涉嫌违法行为有关的产品； （五）对有证据证明是假冒专利的产品，可以查封或者扣押。 **管理专利工作的部门应专利权人或者利害关系人的请求处理专利侵权纠纷时，可以采取前款第（一）项、第（二）项、第（四）项所列措施。**

1984 年	1992 年	2000 年	2008 年	2020 年
				负责专利执法的部门、管理专利工作的部门依法行使前两款规定的职权时，当事人应当予以协助、配合，不得拒绝、阻挠。 **第七十条**（新增） **国务院专利行政部门可以应专利权人或者利害关系人的请求处理在全国有重大影响的专利侵权纠纷。** **地方人民政府管理专利工作的部门应专利权人或者利害关系人请求处理专利侵权纠纷，对在本行政区域内侵犯其同一专利权的案件可以合并处理；对跨区域侵犯其同一专利权的案件可以请求上级地方人民政府管理专利工作的部门处理。**

		第六十条（新增） **侵犯专利权的赔偿数额，按照权利人因被侵权所受到的损失或者侵权人因侵权所获得的利益确定；被侵权人的损失或者侵权人获得的利益难以确定的，参照该专利许可使用费的倍数合理确定。**	**第六十五条** 侵犯专利权的赔偿数额按照权利人因被侵权所受到的**实际**损失确定；**实际损失难以确定的，可以按照**侵权人因侵权所获得的利益确定。**权利人**的损失或者侵权人获得的利益难以确定的，参照该专利许可使用费的倍数合理确定。**赔偿数额还应当包括权利人为制止侵权行为所支付的合理开支。** **权利人的损失、侵权人获得的利益和专利许可使用费均难以确定的，人民法院可以根据专利权的类型、侵权行为的性质和情节等因素，确定给予一万元以上一百万元以下的赔偿。**	**第七十一条** 侵犯专利权的赔偿数额按照权利人因被侵权所受到的实际损失**或者侵权人因侵权所获得的利益确定；**权利人的损失或者侵权人获得的利益难以确定的，参照该专利许可使用费的倍数合理确定。**对故意侵犯专利权，情节严重的，可以在按照上述方法确定数额的一倍以上五倍以下确定赔偿数额。** 权利人的损失、侵权人获得的利益和专利许可使用费均难以确定的，人民法院可以根据专利权的类型、侵权行为的性质和情节等因素，确定给予**三万元**以上**五百万元**以下的赔偿。 赔偿数额还应当包括权利人为制止侵权行为所支付的合理开支。

1984 年	1992 年	2000 年	2008 年	2020 年
				人民法院为确定赔偿数额，在权利人已经尽力举证，而与侵权行为相关的账簿、资料主要由侵权人掌握的情况下，可以责令侵权人提供与侵权行为相关的账簿、资料；侵权人不提供或者提供虚假的账簿、资料的，人民法院可以参考权利人的主张和提供的证据判定赔偿数额。
		第六十一条（新增） **专利权人或者利害关系人有证据证明他人正在实施或者即将实施侵犯其专利权的行为，如不及时制止将会使其合法权益受到难以弥补的损害的，可以在起诉前向人民法院申请采取责令停止有关行为和财产保全的措施。**	**第六十六条** 专利权人或者利害关系人有证据证明他人正在实施或者即将实施侵犯专利权的行为，如不及时制止将会使其合法权益受到难以弥补的损害的，可以在起诉前向人民法院申请采取责令停止有关行为的措施。 **申请人提出申请时，**	**第七十二条** 专利权人或者利害关系人有证据证明他人正在实施或者即将实施侵犯专利权、**妨碍其实现权利**的行为，如不及时制止将会使其合法权益受到难以弥补的损害的，可以在起诉前**依法**向人民法院申请采取**财产保全、责令作出一定行为或**

		人民法院处理前款申请，适用《中华人民共和国民事诉讼法》第九十三条至第九十六条和第九十九条的规定。	应当提供担保；不提供担保的，驳回申请。 人民法院应当自接受申请之时起四十八小时内作出裁定；有特殊情况需要延长的，可以延长四十八小时。裁定责令停止有关行为的，应当立即执行。当事人对裁定不服的，可以申请复议一次；复议期间不停止裁定的执行。 申请人自人民法院采取责令停止有关行为的措施之日起十五日内不起诉的，人民法院应当解除该措施。 申请有错误的，申请人应当赔偿被申请人因停止有关行为所遭受的损失。	者禁止作出一定行为的措施。
			第六十七条（新增） 为了制止专利侵权行为，在证据可能灭失或	**第七十三条** 为了制止专利侵权行为，在证据可能灭失或

1984 年	1992 年	2000 年	2008 年	2020 年
			者以后难以取得的情况下，专利权人或者利害关系人可以在起诉前向人民法院申请保全证据。 **人民法院采取保全措施，可以责令申请人提供担保；申请人不提供担保的，驳回申请。** **人民法院应当自接受申请之时起四十八小时内作出裁定；裁定采取保全措施的，应当立即执行。** **申请人自人民法院采取保全措施之日起十五日内不起诉的，人民法院应当解除该措施。**	者以后难以取得的情况下，专利权人或者利害关系人可以在起诉前**依**法向人民法院申请保全证据。
第六十一条 侵犯专利权的诉讼时效为二年，自专利权人或者利害关系人得知或者应当得知侵权行为之日起计算。	**第六十一条** 侵犯专利权的诉讼时效为二年，自专利权人或者利害关系人得知或者应当得知侵权行为之日起计算。	**第六十二条** 侵犯专利权的诉讼时效为二年，自专利权人或者利害关系人得知或者应当得知侵权行为之日起计算。	**第六十八条** 侵犯专利权的诉讼时效为二年，自专利权人或者利害关系人得知或者应当得知侵权行为之日起计算。	**第七十四条** 侵犯专利权的诉讼时效为**三**年，自专利权人或者利害关系人**知道或者应当知道**侵权行为**以及侵权人**之日起计算。

<table>
<tr>
<td></td>
<td></td>
<td>发明专利申请公布后至专利权授予前使用该发明未支付适当使用费的，专利权人要求支付使用费的诉讼时效为二年，自专利权人得知或者应当得知他人使用其发明之日起计算，但是，专利权人于专利权授予之日前即已得知或者应当得知的，自专利权授予之日起计算。</td>
<td>发明专利申请公布后至专利权授予前使用该发明未支付适当使用费的，专利权人要求支付使用费的诉讼时效为二年，自专利权人得知或者应当得知他人使用其发明之日起计算，但是，专利权人于专利权授予之日前即已得知或者应当得知的，自专利权授予之日起计算。</td>
<td>发明专利申请公布后至专利权授予前使用该发明未支付适当使用费的，专利权人要求支付使用费的诉讼时效为三年，自专利权人知道或者应当知道他人使用其发明之日起计算，但是，专利权人于专利权授予之日前即已知道或者应当知道的，自专利权授予之日起计算。</td>
</tr>
<tr>
<td>第六十二条
有下列情形之一的，不视为侵犯专利权：
一、专利权人制造或者经专利权人许可制造的专利产品售出后，使用或者销售该产品的；
二、使用或者销售不知道是未经专利权人许可而制造并售出的专利产品的；
三、在专利申请日前</td>
<td>第六十二条
有下列情形之一的，不视为侵犯专利权：
一、专利权人制造或者经专利权人许可制造的专利产品售出后，使用或者销售该产品的；
二、使用或者销售不知道是未经专利权人许可而制造并售出的专利产品的；
三、在专利申请日前</td>
<td>第六十三条
有下列情形之一的，不视为侵犯专利权：
（一）专利权人制造、进口或者经专利权人许可而制造、进口的专利产品或者依照专利方法直接获得的产品售出后，使用、许诺销售或者销售该产品的；
（二）在专利申请日前已经制造相同产品、使</td>
<td>第六十九条
有下列情形之一的，不视为侵犯专利权：
（一）专利产品或者依照专利方法直接获得的产品，由专利权人或者经其许可的单位、个人售出后，使用、许诺销售、销售、进口该产品的；
（二）在专利申请日前已经制造相同产品、使用相同方法或者已经作好</td>
<td>第七十五条
有下列情形之一的，不视为侵犯专利权：
（一）专利产品或者依照专利方法直接获得的产品，由专利权人或者经其许可的单位、个人售出后，使用、许诺销售、销售、进口该产品的；
（二）在专利申请日前已经制造相同产品、使用相同方法或者已经作好</td>
</tr>
</table>

1984 年	1992 年	2000 年	2008 年	2020 年
已经制造相同产品、使用相同方法或者已经作好制造、使用的必要准备，并且仅在原有范围内继续制造、使用的； 四、临时通过中国领土、领水、领空的外国运输工具，依照其所属国同中国签订的协议或者共同参加的国际条约，或者依照互惠原则，为运输工具自身需要而在其装置和设备中使用有关专利的； 五、专为科学研究和实验而使用有关专利的。	已经制造相同产品、使用相同方法或者已经作好制造、使用的必要准备，并且仅在原有范围内继续制造、使用的； 四、临时通过中国领土、领水、领空的外国运输工具，依照其所属国同中国签订的协议或者共同参加的国际条约，或者依照互惠原则，为运输工具自身需要而在其装置和设备中使用有关专利的； 五、专为科学研究和实验而使用有关专利的。	用相同方法或者已经作好制造、使用的必要准备，并且仅在原有范围内继续制造、使用的； **（三）**临时通过中国领**陆**、领水、领空的外国运输工具，依照其所属国同中国签订的协议或者共同参加的国际条约，或者依照互惠原则，为运输工具自身需要而在其装置和设备中使用有关专利的； **（四）**专为科学研究和实验而使用有关专利的。 **为生产经营目的使用或者销售不知道是未经专利权人许可而制造并售出的专利产品或者依照专利方法直接获得的产品，能证明其产品合法来源的，不承担赔偿责任。**	制造、使用的必要准备，并且仅在原有范围内继续制造、使用的； （三）临时通过中国领陆、领水、领空的外国运输工具，依照其所属国同中国签订的协议或者共同参加的国际条约，或者依照互惠原则，为运输工具自身需要而在其装置和设备中使用有关专利的； （四）专为科学研究和实验而使用有关专利的； **（五）为提供行政审批所需要的信息，制造、使用、进口专利药品或者专利医疗器械的，以及专门为其制造、进口专利药品或者专利医疗器械的。**	制造、使用的必要准备，并且仅在原有范围内继续制造、使用的； （三）临时通过中国领陆、领水、领空的外国运输工具，依照其所属国同中国签订的协议或者共同参加的国际条约，或者依照互惠原则，为运输工具自身需要而在其装置和设备中使用有关专利的； （四）专为科学研究和实验而使用有关专利的； （五）为提供行政审批所需要的信息，制造、使用、进口专利药品或者专利医疗器械的，以及专门为其制造、进口专利药品或者专利医疗器械的。

				第七十六条（新增） 药品上市审评审批过程中，药品上市许可申请人与有关专利权人或者利害关系人，因申请注册的药品相关的专利权产生纠纷的，相关当事人可以向人民法院起诉，请求就申请注册的药品相关技术方案是否落入他人药品专利权保护范围作出判决。国务院药品监督管理部门在规定的期限内，可以根据人民法院生效裁判作出是否暂停批准相关药品上市的决定。 药品上市许可申请人与有关专利权人或者利害关系人也可以就申请注册的药品相关的专利权纠纷，向国务院专利行政部门请求行政裁决。 国务院药品监督管理部门会同国务院专利行

1984 年	1992 年	2000 年	2008 年	2020 年
				政部门制定药品上市许可审批与药品上市许可申请阶段专利权纠纷解决的具体衔接办法，报国务院同意后实施。
			第七十条 为生产经营目的使用、**许诺销售**或者销售不知道是未经专利权人许可而制造并售出的专利**侵权**产品，能证明该产品合法来源的，不承担赔偿责任。	**第七十七条** 为生产经营目的使用、许诺销售或者销售不知道是未经专利权人许可而制造并售出的专利侵权产品，能证明该产品合法来源的，不承担赔偿责任。
第六十四条 违反本法第二十条规定，擅自向外国申请专利，泄露国家重要机密的，由所在单位或者上级主管机关给予行政处分；情节严重的，依法追究刑事责任。	**第六十四条** 违反本法第二十条规定，擅自向外国申请专利，泄露国家重要机密的，由所在单位或者上级主管机关给予行政处分；情节严重的，依法追究刑事责任。	**第六十四条** 违反本法第二十条规定向外国申请专利，泄露国家秘密的，由所在单位或者上级主管机关给予行政处分；**构成犯罪**的，依法追究刑事责任。	**第七十一条** 违反本法第二十条规定向外国申请专利，泄露国家秘密的，由所在单位或者上级主管机关给予行政处分；构成犯罪的，依法追究刑事责任。	**第七十八条** 违反本法第**十九**条规定向外国申请专利，泄露国家秘密的，由所在单位或者上级主管机关给予行政处分；构成犯罪的，依法追究刑事责任。

第六十五条 侵夺发明人或者设计人的非职务发明创造专利申请权和本法规定的其他权益的，由所在单位或者上级主管机关给予行政处分。	**第六十五条** 侵夺发明人或者设计人的非职务发明创造专利申请权和本法规定的其他权益的，由所在单位或者上级主管机关给予行政处分。	**第六十五条** 侵夺发明人或者设计人的非职务发明创造专利申请权和本法规定的其他权益的，由所在单位或者上级主管机关给予行政处分。	**第七十二条** 侵夺发明人或者设计人的非职务发明创造专利申请权和本法规定的其他权益的，由所在单位或者上级主管机关给予行政处分。	（删除）
		第六十六条（新增） **管理专利工作的部门不得参与向社会推荐专利产品等经营活动。** **管理专利工作的部门违反前款规定的，由其上级机关或者监察机关责令改正，消除影响，有违法收入的予以没收；情节严重的，对直接负责的主管人员和其他直接责任人员依法给予行政处分。**	**第七十三条** 管理专利工作的部门不得参与向社会推荐专利产品等经营活动。 管理专利工作的部门违反前款规定的，由其上级机关或者监察机关责令改正，消除影响，有违法收入的予以没收；情节严重的，对直接负责的主管人员和其他直接责任人员依法给予行政处分。	**第七十九条** 管理专利工作的部门不得参与向社会推荐专利产品等经营活动。 管理专利工作的部门违反前款规定的，由其上级机关或者监察机关责令改正，消除影响，有违法收入的予以没收；情节严重的，对直接负责的主管人员和其他直接责任人员依法给予处分。
第六十六条 专利局工作人员及有关国家工作人员徇私舞	**第六十六条** 专利局工作人员及有关国家工作人员徇私舞	**第六十七条** **从事专利管理工作的国家机关工作人员以及**	**第七十四条** 从事专利管理工作的国家机关工作人员以及	**第八十条** 从事专利管理工作的国家机关工作人员以及

1984 年	1992 年	2000 年	2008 年	2020 年
弊的，由专利局或者有关主管机关给予行政处分；情节严重的，比照刑法第一百八十八条的规定追究刑事责任。	弊的，由专利局或者有关主管机关给予行政处分；情节严重的，比照刑法第一百八十八条的规定追究刑事责任。	**其他有关国家机关工作人员玩忽职守、滥用职权、徇私舞弊，构成犯罪的，依法追究刑事责任；尚不构成犯罪的，依法给予行政处分。**	其他有关国家机关工作人员玩忽职守、滥用职权、徇私舞弊，构成犯罪的，依法追究刑事责任；尚不构成犯罪的，依法给予行政处分。	其他有关国家机关工作人员玩忽职守、滥用职权、徇私舞弊，构成犯罪的，依法追究刑事责任；尚不构成犯罪的，依法给予处分。
第八章　附　　则	**第八章　附　　则**	**第八章　附　　则**	**第八章　附　　则**	**第八章　附　　则**
第六十七条　向专利局申请专利和办理其他手续，应当按照规定缴纳费用。	**第六十七条**　向专利局申请专利和办理其他手续，应当按照规定缴纳费用。	**第六十八条**　向**国务院专利行政部门**申请专利和办理其他手续，应当按照规定缴纳费用。	**第七十五条**　向国务院专利行政部门申请专利和办理其他手续，应当按照规定缴纳费用。	**第八十一条**　向国务院专利行政部门申请专利和办理其他手续，应当按照规定缴纳费用。
第六十八条　本法实施细则由专利局制订，报国务院批准后施行。	**第六十八条**　本法实施细则由专利局制订，报国务院批准后施行。	（删除）		
第六十九条　本法自 1985 年 4 月 1 日起施行。	**第六十九条**　本法自 1985 年 4 月 1 日起施行。	**第六十九条**　本法自 1985 年 4 月 1 日起施行。	**第七十六条**　本法自 1985 年 4 月 1 日起施行。	**第八十二条**　本法自 1985 年 4 月 1 日起施行。

《专利法实施细则》历次修改对照

1985 年	1992 年	2001 年	2010 年	2023 年
第一章　总　则	**第一章　总　则**	**第一章　总　则**	**第一章　总　则**	**第一章　总　则**
第一条 根据《中华人民共和国专利法》（以下简称专利法）第六十八条的规定，制定本细则。	**第一条** 根据《中华人民共和国专利法》（以下简称专利法），制定本细则。	**第一条** 根据《中华人民共和国专利法》（以下简称专利法），制定本细则。	**第一条** 根据《中华人民共和国专利法》（以下简称专利法），制定本细则。	**第一条** 根据《中华人民共和国专利法》（以下简称专利法），制定本细则。
第二条 专利法所称的发明是指对产品、方法或者其改进所提出的新的技术方案。 专利法所称的实用新型是指对产品的形状、构造或者其结合所提出的适于实用的新的技术方案。 专利法所称的外观设计是指对产品的形状、图案、色彩或者其结合所作出的富有美感并适于工业上应用的新设计。	**第二条** 专利法所称发明，是指对产品、方法或者其改进所提出的新的技术方案。 专利法所称实用新型，是指对产品的形状、构造或者其结合所提出的适于实用的新的技术方案。 专利法所称外观设计，是指对产品的形状、图案、色彩或者其结合所作出的富有美感并适于工业上应用的新设计。	**第二条** 专利法所称发明，是指对产品、方法或者其改进所提出的新的技术方案。 专利法所称实用新型，是指对产品的形状、构造或者其结合所提出的适于实用的新的技术方案。 专利法所称外观设计，是指对产品的形状、图案或者其结合**以及色彩与形状、图案的结合**所作出的富有美感并适于工业应用的新设计。	（2008 年修改《专利法》时，转为其第二条）	

第三条 专利法和本细则规定的各种手续，应当以书面形式办理。	**第三条** 专利法和本细则规定的各种手续，应当以书面形式办理。	**第三条** 专利法和本细则规定的各种手续，应当以书面形式**或者国务院专利行政部门规定的其他形式**办理。	**第二条** 专利法和本细则规定的各种手续，应当以书面形式或者国务院专利行政部门规定的其他形式办理。	**第二条** 专利法和本细则规定的各种手续，应当以书面形式或者国务院专利行政部门规定的其他形式办理。**以电子数据交换等方式能够有形地表现所载内容，并可以随时调取查用的数据电文（以下统称电子形式），视为书面形式。**
第四条 依照专利法和本细则规定提交的各种文件应当使用中文。对于国家有统一规定的科技术语，应当采用规范词。外国人名、地名和科技术语无统一中文译文的，应当注明原文。 依照专利法和本细则规定提交的各种证件和证明文件是外文的，专利局可以要求在指定期间内附送中文译本。	**第四条** 依照专利法和本细则规定提交的各种文件应当使用中文。国家有统一规定的科技术语，应当采用规范词。外国人名、地名和科技术语**没有**统一中文译文的，应当注明原文。 依照专利法和本细则规定提交的各种证件和证明文件是外文的，专利局**认为必要时，**可以要求**当事人**在指定期限	**第四条** 依照专利法和本细则规定提交的各种文件应当使用中文；国家有统一规定的科技术语**的**，应当采用规范词；外国人名、地名和科技术语没有统一中文译文的，应当注明原文。 依照专利法和本细则规定提交的各种证件和证明文件是外文的，**国务院专利行政部门**认为必要时，可以要求当事	**第三条** 依照专利法和本细则规定提交的各种文件应当使用中文；国家有统一规定的科技术语的，应当采用规范词；外国人名、地名和科技术语没有统一中文译文的，应当注明原文。 依照专利法和本细则规定提交的各种证件和证明文件是外文的，国务院专利行政部门认为必要时，可以要求当事	**第三条** 依照专利法和本细则规定提交的各种文件应当使用中文；国家有统一规定的科技术语的，应当采用规范词；外国人名、地名和科技术语没有统一中文译文的，应当注明原文。 依照专利法和本细则规定提交的各种证件和证明文件是外文的，国务院专利行政部门认为必要时，可以要求当事

1985 年	1992 年	2001 年	2010 年	2023 年
	内附送中文译文；**期满未附送的，视为未提交该证件和证明文件。**	人在指定期限内附送中文译文；期满未附送的，视为未提交该证件和证明文件。	人在指定期限内附送中文译文；期满未附送的，视为未提交该证件和证明文件。	人在指定期限内附送中文译文；期满未附送的，视为未提交该证件和证明文件。
第五条 专利局邮寄的各种文件，送达地是省和自治区、直辖市以上城市的，自文件发出之日起满七日，其他地区满十五日，推定为收件人收到文件之日。 申请人向专利局邮寄的各种文件，以寄出的邮戳日为递交日。如信封上寄出的邮戳日不清晰，除申请人能提出证明外，以专利局收到日为递交日。	**第五条** 向专利局邮寄的各种文件，以寄出的邮戳日为递交日。信封上寄出的邮戳日不清晰**的**，除**当事人**能**够**提出证明外，以专利局收到日为递交日。 **专利局的各种文件，可以通过邮寄、直接送交或者以公告的方式送达当事人。当事人委托专利代理机构的，文件送交专利代理机构；未委托专利代理机构的，文件送交请求书中第一署名人或者代表人。当事人拒绝接收文件的，该文件视为已经送达。**	**第五条** 向**国务院专利行政部门**邮寄的各种文件，以寄出的邮戳日为递交日；邮戳日不清晰的，除当事人能够提出证明外，以**国务院专利行政部门**收到日为递交日。 **国务院专利行政部**门的各种文件，可以通过邮寄、直接送交或者**其他**方式送达当事人。当事人委托专利代理机构的，文件送交专利代理机构；未委托专利代理机构的，文件送交请求书中**指明的联系人**。 **国务院专利行政部**门邮寄的各种文件，自文	**第四条** 向国务院专利行政部门邮寄的各种文件，以寄出的邮戳日为递交日；邮戳日不清晰的，除当事人能够提出证明外，以国务院专利行政部门收到日为递交日。 国务院专利行政部门的各种文件，可以通过邮寄、直接送交或者其他方式送达当事人。当事人委托专利代理机构的，文件送交专利代理机构；未委托专利代理机构的，文件送交请求书中指明的联系人。 国务院专利行政部门邮寄的各种文件，自文	**第四条** 向国务院专利行政部门邮寄的各种文件，以寄出的邮戳日为递交日；邮戳日不清晰的，除当事人能够提出证明外，以国务院专利行政部门收到日为递交日。 **以电子形式向国务院专利行政部门提交各种文件的，以进入国务院专利行政部门指定的特定电子系统的日期为递交日。** 国务院专利行政部门的各种文件，可以通过**电子形式**、邮寄、直接送交或者其他方式送达当事人。当事人委托专

	专利局邮寄的各种文件，自文件发出之日起满十五日，推定为当事人收到文件之日。 **根据专利局规定应当直接送交的文件，以交付日为送达日。** **文件送交地址不清，无法邮寄的，可以通过公告的方式送达当事人。自公告之日起满一个月，该文件视为已经送达。**	件发出之日起满 **15** 日，推定为当事人收到文件之日。 根据**国务院专利行政部门**规定应当直接送交的文件，以交付日为送达日。 文件送交地址不清，无法邮寄的，可以通过公告的方式送达当事人。自公告之日起满 **1** 个月，该文件视为已经送达。	件发出之日起满 15 日，推定为当事人收到文件之日。 根据国务院专利行政部门规定应当直接送交的文件，以交付日为送达日。 文件送交地址不清，无法邮寄的，可以通过公告的方式送达当事人。自公告之日起满 1 个月，该文件视为已经送达。	利代理机构的，文件送交专利代理机构；未委托专利代理机构的，文件送交请求书中指明的联系人。 国务院专利行政部门邮寄的各种文件，自文件发出之日起满 15 日，推定为当事人收到文件之日。**当事人提供证据能够证明实际收到文件的日期的，以实际收到日为准。** 根据国务院专利行政部门规定应当直接送交的文件，以交付日为送达日。 文件送交地址不清，无法邮寄的，可以通过公告的方式送达当事人。自公告之日起满 1 个月，该文件视为已经送达。 **国务院专利行政部门以电子形式送达的各种文件，以进入当事人认可的电子系统的日期为送达日。**

1985年	1992年	2001年	2010年	2023年
第六条 专利法和本细则规定的各种期限的第一日不计算在期限内。期限以年或者月计算的，以其最后一月的相应日为期限届满日；该月无相应日的，以该月最后一日为期限届满日。 期限届满日是法定节假日的，以节假日后的第一个工作日为期限届满日。	**第六条** 专利法和本细则规定的各种期限的第一日不计算在期限内。期限以年或者月计算的，以其最后一月的相应日为期限届满日；该月无相应日的，以该月最后一日为期限届满日。 期限届满日是法定节假日的，以节假日后的第一个工作日为期限届满日。	**第六条** 专利法和本细则规定的各种期限的第一日不计算在期限内。期限以年或者月计算的，以其最后一月的相应日为期限届满日；该月无相应日的，以该月最后一日为期限届满日；期限届满日是法定节假日的，以节假日后的第一个工作日为期限届满日。	**第五条** 专利法和本细则规定的各种期限的第一日不计算在期限内。期限以年或者月计算的，以其最后一月的相应日为期限届满日；该月无相应日的，以该月最后一日为期限届满日；期限届满日是法定**休假日**的，以**休假日**后的第一个工作日为期限届满日。	**第五条** 专利法和本细则规定的各种期限**开始的当**日不计算在期限内，**自下一日开始计算**。期限以年或者月计算的，以其最后一月的相应日为期限届满日；该月无相应日的，以该月最后一日为期限届满日；期限届满日是法定休假日的，以休假日后的第一个工作日为期限届满日。
第七条 申请人、专利权人或者其他利害关系人因不可抗拒的事由或者其他正当理由而耽误专利法或者本细则规定的期限，或者专利局指定的期限的，在障碍消除后一个月内，可以说明理由，请求顺延期限。但专	**第七条** **当事人**因不可抗拒的事由而耽误专利法或者本细则规定的期限或者专利局指定的期限，**造成其权利丧失的，自**障碍消除**之日起二**个月内，**但是最迟自期限届满之日起二年内**，可以**向专利局**说明理由**并附具**	**第七条** 当事人因不可抗拒的事由而**延**误专利法或者本细则规定的期限或者**国务院专利行政部门**指定的期限，**导致**其权利丧失的，自障碍消除之日起**2**个月内，最迟自期限届满之日起**2**年内，可以向**国务院专利行**	**第六条** 当事人因不可抗拒的事由而延误专利法或者本细则规定的期限或者国务院专利行政部门指定的期限，导致其权利丧失的，自障碍消除之日起2个月内，最迟自期限届满之日起2年内，可以向国务院专利行	**第六条** 当事人因不可抗拒的事由而延误专利法或者本细则规定的期限或者国务院专利行政部门指定的期限，导致其权利丧失的，自障碍消除之日起2个月内**且**自期限届满之日起2年内，可以向国务院专利行政部

<table>
<tr>
<td>利法第二十四条、第二十九条、第四十一条第一句、第四十五条和第六十一条规定的期限除外。
在专利局指定的期限届满前，申请人因有正当理由要求延长期限的，应当向专利局提出请求，并附具有关的证明。</td>
<td>有关证明文件，请求恢复其权利。
当事人因正当理由而耽误专利法或者本细则规定的期限或者专利局指定的期限，造成其权利丧失的，可以自收到专利局的通知之日起二个月内向专利局说明理由，请求恢复其权利。
当事人请求延长专利局指定的期限的，应当在期限届满前，向专利局说明理由并办理有关手续。
本条第一款和第二款的规定不适用专利法第二十四条、第二十九条、第四十一条、第四十五条、第六十一条规定的期限。
本条第二款的规定不适用本细则第八十八条规定的期限。</td>
<td>政部门说明理由并附具有关证明文件，请求恢复权利。
当事人因正当理由而延误专利法或者本细则规定的期限或者国务院专利行政部门指定的期限，导致其权利丧失的，可以自收到国务院专利行政部门的通知之日起 2 个月内向国务院专利行政部门说明理由，请求恢复权利。
当事人请求延长国务院专利行政部门指定的期限的，应当在期限届满前，向国务院专利行政部门说明理由并办理有关手续。
本条第一款和第二款的规定不适用专利法第二十四条、第二十九条、第四十二条、第六十二条规定的期限。</td>
<td>政部门请求恢复权利。
除前款规定的情形外，当事人因其他正当理由延误专利法或者本细则规定的期限或者国务院专利行政部门指定的期限，导致其权利丧失的，可以自收到国务院专利行政部门的通知之日起 2 个月内向国务院专利行政部门请求恢复权利。
当事人依照本条第一款或者第二款的规定请求恢复权利的，应当提交恢复权利请求书，说明理由，必要时附具有关证明文件，并办理权利丧失前应当办理的相应手续；依照本条第二款的规定请求恢复权利的，还应当缴纳恢复权利请求费。
当事人请求延长国务院专利行政部门指定的</td>
<td>门请求恢复权利。
除前款规定的情形外，当事人因其他正当理由延误专利法或者本细则规定的期限或者国务院专利行政部门指定的期限，导致其权利丧失的，可以自收到国务院专利行政部门的通知之日起 2 个月内向国务院专利行政部门请求恢复权利；但是，延误复审请求期限的，可以自复审请求期限届满之日起 2 个月内向国务院专利行政部门请求恢复权利。
当事人依照本条第一款或者第二款的规定请求恢复权利的，应当提交恢复权利请求书，说明理由，必要时附具有关证明文件，并办理权利丧失前应当办理的相应手续；依照本条第二款的规定请求恢复权利</td>
</tr>
</table>

1985年	1992年	2001年	2010年	2023年
			期限的，应当在期限届满前，向国务院专利行政部门说明理由并办理有关手续。 本条第一款和第二款的规定不适用专利法第二十四条、第二十九条、第四十二条、**第六十八条**规定的期限。	的，还应当缴纳恢复权利请求费。 当事人请求延长国务院专利行政部门指定的期限的，应当在期限届满前，向国务院专利行政部门**提交延长期限请求书，**说明理由，并办理有关手续。 本条第一款和第二款的规定不适用专利法第二十四条、第二十九条、第四十二条、第**七十四**条规定的期限。
第八条 国防系统各单位申请专利的发明创造，涉及国家安全需要保密的，其专利申请由国防科技术主管部门设立的专利机构受理，专利局应当根据该机构的审查意见作出决定。	**第八条** 国防系统各单位申请**发明**专利，涉及**国防方面的国家秘密**需要保密的，其专利申请由**国务院**国防科学技术主管部门设立的专利机构受理；**专利局受理的涉及国防方面的国家秘密需要**	**第八条** **发明专利申请**涉及国防方面的国家秘密需要保密的，由**国防专利机构**受理；**国务院专利行政部门**受理的涉及国防方面的国家秘密需要保密的发明专利申请，应当移交**国防专利机构**审	**第七条** 专利申请涉及国防**利益**需要保密的，由国防专利机构受理**并进行审查**；国务院专利行政部门受理的专利申请涉及国防**利益**需要保密的，应当**及时**移交国防专利机构**进行**审查。**经国防专**	**第七条** 专利申请涉及国防利益需要保密的，由国防专利机构受理并进行审查；国务院专利行政部门受理的专利申请涉及国防利益需要保密的，应当及时移交国防专利机构进行审查。经国防专

第九条 除前条规定外，专利局受理专利申请后，应当将需要进行保密审查的申请转送国务院有关主管部门审查；有关主管部门应当在收到之日起四个月内，将审查结果通知专利局；申请专利的发明创造需要保密的，专利局按保密专利申请处理，并且通知申请人。	**保密的发明专利申请，应当移交国务院国防科学技术主管部门设立的专利机构审查，由**专利局根据该专利机构的审查意见作出决定。 除前**款**规定外，专利局受理**发明**专利申请后，应当将需要进行保密审查的申请转送国务院有关主管部门审查；有关主管部门应当**自**收到**该申请**之日起四个月内，将审查结果通知专利局；需要保密的，**由**专利局按**照**保密专利申请处理，并且通知申请人。	查，由**国务院专利行政**部门根据**国防专**利机构的审查意见作出决定。 除前款规定**的**外，**国务院专利行政部门**受理发明专利申请后，应当将需要进行保密审查的申请转送国务院有关主管部门审查；有关主管部门应当自收到该申请之日起**4**个月内，将审查结果通知**国务院专利行政部门**；需要保密的，由**国务院专利行政部门**按照保密专利申请处理，并通知申请人。	**利机构审查没有发现驳回理由的，**由国务院专利行政部门作出**授予国防专利权的**决定。 国务院专利行政部门**认为其**受理**的**发明**或者实用新型**专利申请**涉及国防利益以外的国家安全或者重大利益需要保密的，**应当**及时作出**按照保密专利申请处理**的决定，**并通知申请人。**保密专利申请的审查、复审以及保密专利权无效宣告的特殊程序，由国务院专利行政部门规定。**	利机构审查没有发现驳回理由的，由国务院专利行政部门作出授予国防专利权的决定。 国务院专利行政部门认为其受理的发明或者实用新型专利申请涉及国防利益以外的国家安全或者重大利益需要保密的，应当及时作出按照保密专利申请处理的决定，并通知申请人。保密专利申请的审查、复审以及保密专利权无效宣告的特殊程序，由国务院专利行政部门规定。
			第八条（新增） **专利法第二十条所称在中国完成的发明或者实用新型，是指技术方案的实质性内容在中国境内完成的发明或者实用新型。**	**第八条** 专利法第十九条所称在中国完成的发明或者实用新型，是指技术方案的实质性内容在中国境内完成的发明或者实用新型。

1985 年	1992 年	2001 年	2010 年	2023 年
			任何单位或者个人将在中国完成的发明或者实用新型向外国申请专利的，应当按照下列方式之一请求国务院专利行政部门进行保密审查： （一）直接向外国申请专利或者向有关国外机构提交专利国际申请的，应当事先向国务院专利行政部门提出请求，并详细说明其技术方案； （二）向国务院专利行政部门申请专利后拟向外国申请专利或者向有关国外机构提交专利国际申请的，应当在向外国申请专利或者向有关国外机构提交专利国际申请前向国务院专利行政部门提出请求。 向国务院专利行政部门提交专利国际申请的，视为同时提出了保密审查请求。	任何单位或者个人将在中国完成的发明或者实用新型向外国申请专利的，应当按照下列方式之一请求国务院专利行政部门进行保密审查： （一）直接向外国申请专利或者向有关国外机构提交专利国际申请的，应当事先向国务院专利行政部门提出请求，并详细说明其技术方案； （二）向国务院专利行政部门申请专利后拟向外国申请专利或者向有关国外机构提交专利国际申请的，应当在向外国申请专利或者向有关国外机构提交专利国际申请前向国务院专利行政部门提出请求。 向国务院专利行政部门提交专利国际申请的，视为同时提出了保密审查请求。

			第九条（新增） **国务院专利行政部门收到依照本细则第八条规定递交的请求后，经过审查认为该发明或者实用新型可能涉及国家安全或者重大利益需要保密的，应当及时向申请人发出保密审查通知；申请人未在其请求递交日起4个月内收到保密审查通知的，可以就该发明或者实用新型向外国申请专利或者向有关国外机构提交专利国际申请。** **国务院专利行政部门依照前款规定通知进行保密审查的，应当及时作出是否需要保密的决定，并通知申请人。申请人未在其请求递交日起6个月内收到需要保密的决定的，可以就该发明或者实用新型向外**	**第九条** 国务院专利行政部门收到依照本细则第八条规定递交的请求后，经过审查认为该发明或者实用新型可能涉及国家安全或者重大利益需要保密的，应当**在请求递交日起2个月内**向申请人发出保密审查通知；**情况复杂的，可以延长2个月。** 国务院专利行政部门依照前款规定通知进行保密审查的，应当**在请求递交日起4个月内**作出是否需要保密的决定，并通知申请人；**情况复杂的，可以延长2个月。**

1985 年	1992 年	2001 年	2010 年	2023 年
			国申请专利或者向有关国外机构提交专利国际申请。	
		第九条（新增） **专利法第五条所称违反国家法律的发明创造，不包括仅其实施为国家法律所禁止的发明创造。**	**第十条** 专利法第五条所称违反法律的发明创造，不包括仅其实施为法律所禁止的发明创造。	**第十条** 专利法第五条所称违反法律的发明创造，不包括仅其实施为法律所禁止的发明创造。
				第十一条（新增） **申请专利应当遵循诚实信用原则。提出各类专利申请应当以真实发明创造活动为基础，不得弄虚作假。**
	第九条（新增） **除专利法第二十八条和第四十五条的规定外，专利法所称申请日，有优先权的，指优先权日。** **本细则所称申请日，**	**第十条** 除专利法第二十八条和第**四十二**条规定的**情形**外，专利法所称申请日，有优先权的，指优先权日。	**第十一条** 除专利法第二十八条和第四十二条规定的情形外，专利法所称申请日，有优先权的，指优先权日。	**第十二条** 除专利法第二十八条和第四十二条规定的情形外，专利法所称申请日，有优先权的，指优先权日。

	是指向专利局提出专利申请之日。	本细则所称申请日，**除另有规定的外，是指专利法第二十八条规定的申请日。**	本细则所称申请日，除另有规定的外，是指专利法第二十八条规定的申请日。	本细则所称申请日，除另有规定的外，是指专利法第二十八条规定的申请日。
第十条 专利法第六条所称执行本单位的任务所完成的职务发明创造是指： （一）在本职工作中作出的发明创造； （二）履行本单位交付的本职工作之外的任务所作出的发明创造； （三）退职、退休或者调动工作后一年内作出的，与其在原单位承担的本职工作或者分配的任务有关的发明创造。	**第十条** 专利法第六条所称执行本单位的任务所完成的职务发明创造是指： （一）在本职工作中作出的发明创造； （二）履行本单位交付的本职工作之外的任务所作出的发明创造； （三）退职、退休或者调动工作后一年内作出的，与其在原单位承担的本职工作或者**原单位**分配的任务有关的发明创造。	**第十一条** 专利法第六条所称执行本单位的任务所完成的职务发明创造，是指： （一）在本职工作中作出的发明创造； （二）履行本单位交付的本职工作之外的任务所作出的发明创造； （三）退职、退休或者调动工作后一年内作出的，与其在原单位承担的本职工作或者原单位分配的任务有关的发明创造。	**第十二条** 专利法第六条所称执行本单位的任务所完成的职务发明创造，是指： （一）在本职工作中作出的发明创造； （二）履行本单位交付的本职工作之外的任务所作出的发明创造； （三）退休、**调离原单位后**或者**劳动、人事关系终止**后一年内作出的，与其在原单位承担的本职工作或者原单位分配的任务有关的发明创造。	**第十三条** 专利法第六条所称执行本单位的任务所完成的职务发明创造，是指： （一）在本职工作中作出的发明创造； （二）履行本单位交付的本职工作之外的任务所作出的发明创造； （三）退休、调离原单位后或者劳动、人事关系终止后1年内作出的，与其在原单位承担的本职工作或者原单位分配的任务有关的发明创造。
专利法第六条所称的本单位的物质条件是指本单位的资金、设备、零部件、原材料或者不向外公开的技术资料等。	专利法第六条所称本单位的物质条件，是指本单位的资金、设备、零部件、原材料或者不**对**外公开的技术资料等。	**专利法第六条所称本单位，包括临时工作单位；**专利法第六条所称本单位的物质**技术**条件，是指本单位的资金、	专利法第六条所称本单位，包括临时工作单位；专利法第六条所称本单位的物质技术条件，	专利法第六条所称本单位，包括临时工作单位；专利法第六条所称本单位的物质技术条件，

1985 年	1992 年	2001 年	2010 年	2023 年
		设备、零部件、原材料或者不对外公开的技术资料等。	是指本单位的资金、设备、零部件、原材料或者不对外公开的技术资料等。	是指本单位的资金、设备、零部件、原材料或者不对外公开的技术**信息和**资料等。
第十一条 专利法所称发明人或者设计人是指对发明创造的实质性特点作出了创造性贡献的人。在完成发明创造过程中，只负责组织工作的人、为物质条件的利用提供方便的人或者从事其他辅助工作的人，不应当被认为是发明人或者设计人。	**第十一条** 专利法所称发明人或者设计人，是指对发明创造的实质性特点作出创造性贡献的人。在完成发明创造过程中，只负责组织工作的人、为物质条件的利用提供方便的人或者从事其他辅助工作的人，不应当被认为是发明人或者设计人。	**第十二条** 专利法所称发明人或者设计人，是指对发明创造的实质性特点作出创造性贡献的人。在完成发明创造过程中，只负责组织工作的人、为物质**技术**条件的利用提供方便的人或者从事其他辅助工作的人，不是发明人或者设计人。	**第十三条** 专利法所称发明人或者设计人，是指对发明创造的实质性特点作出创造性贡献的人。在完成发明创造过程中，只负责组织工作的人、为物质技术条件的利用提供方便的人或者从事其他辅助工作的人，不是发明人或者设计人。	**第十四条** 专利法所称发明人或者设计人，是指对发明创造的实质性特点作出创造性贡献的人。在完成发明创造过程中，只负责组织工作的人、为物质技术条件的利用提供方便的人或者从事其他辅助工作的人，不是发明人或者设计人。
第十二条 专利法第九条规定的两个以上的申请人在同一日期分别就同样的发明创造申请专利的，应当在收到专利局的通知后自行协商确定申请人。	**第十二条** **同样的发明创造只能被授予一项专利。** 专利法第九条规定的两个以上的申请人在同一**日**分别就同样的发明创造申请专利的，应当	**第十三条** 同样的发明创造只能被授予一项专利。 **依照**专利法第九条**的**规定，两个以上的申请人在同一日分别就同样的发明创造申请专利的，	（该条转入本细则第三章，作为第四十一条，并作相应修改）	

	在收到专利局的通知后自行协商确定申请人。	应当在收到**国务院专利行政部门**的通知后自行协商确定申请人。		
		第十四条（新增） **中国单位或者个人向外国人转让专利申请权或者专利权的，由国务院对外经济贸易主管部门会同国务院科学技术行政部门批准。**	（删除）	
第十三条 专利权人应当将其与他人签订的实施专利许可合同，在合同生效后三个月内向专利局备案。	**第十三条** 专利权人与他人**订立**的**专利实施**许可合同，**应当自**合同生效**之日起**三个月内向专利局备案。	**第十五条** **除依照专利法第十条规定转让专利权外，专利权因其他事由发生转移的，当事人应当凭有关证明文件或者法律文书向国务院专利行政部门办理专利权人变更手续。** 专利权人与他人订立的专利实施许可合同，应当自合同生效之日起**3**个月内向**国务院专利行政部门**备案。	**第十四条** 除依照专利法第十条规定转让专利权外，专利权因其他事由发生转移的，当事人应当凭有关证明文件或者法律文书向国务院专利行政部门办理**专利权转移**手续。 专利权人与他人订立的专利实施许可合同，应当自合同生效之日起3个月内向国务院专利行政部门备案。	**第十五条** 除依照专利法第十条规定转让专利权外，专利权因其他事由发生转移的，当事人应当凭有关证明文件或者法律文书向国务院专利行政部门办理专利权转移手续。 专利权人与他人订立的专利实施许可合同，应当自合同生效之日起3个月内向国务院专利行政部门备案。

1985 年	1992 年	2001 年	2010 年	2023 年
			以专利权出质的，由出质人和质权人共同向国务院专利行政部门办理出质登记。	以专利权出质的，由出质人和质权人共同向国务院专利行政部门办理出质登记。
				第十六条（新增） **专利工作应当贯彻党和国家知识产权战略部署，提升我国专利创造、运用、保护、管理和服务水平，支持全面创新，促进创新型国家建设。** **国务院专利行政部门应当提升专利信息公共服务能力，完整、准确、及时发布专利信息，提供专利基础数据，促进专利相关数据资源的开放共享、互联互通。**
第十四条 专利法第十九条第一款和第二十条所称的专利代理机构是指中国国	**第十四条** 专利法第十九条第一款和第二十条**规定**的专利代理机构**由国务院授**	（删除）		

际贸易促进委员会、上海专利事务所和中国专利代理有限公司以及国务院指定的其他专利代理机构。	**权专利局**指定。			
第十五条 申请人委托专利代理机构向专利局申请专利和办理其他专利事务的，应当同时提交委托书，写明委托权限。				
	第十五条（新增） **对一项发明创造的专利申请权或者被授予的专利权发生争议时，当事人可以请求专利管理机关处理，也可以直接向人民法院提起诉讼。** **当事人因专利申请权或者专利权发生纠纷，并已请求专利管理机关处理或者向人民法院提起诉讼的，可以请求专利局中止有关程序。**	（该条转入本细则第七章，改为第八十六条，并作相应修改）		

1985 年	1992 年	2001 年	2010 年	2023 年
	依照前款规定请求中止有关程序的，应当向专利局提交请求书，并附具专利管理机关或者人民法院的有关受理文件。			
第二章　专利的申请 第十六条 申请专利应当向专利局提交申请文件一式两份。	第二章　专利的申请 第十六条 申请专利的，应当向专利局提交申请文件一式两份。 **申请人委托专利代理机构向专利局申请专利和办理其他专利事务的，应当同时提交委托书，写明委托权限。**	第二章　专利的申请 第十六条 **以书面形式**申请专利的，应当向**国务院专利行政部门**提交申请文件一式两份。 **以国务院专利行政部门规定的其他形式申请专利的，应当符合规定的要求。** 申请人委托专利代理机构向**国务院专利行政部门**申请专利和办理其他专利事务的，应当同时提交委托书，写明委托权限。 **申请人有 2 人以上且**	第二章　专利的申请 第十五条 以书面形式申请专利的，应当向国务院专利行政部门提交申请文件一式两份。 以国务院专利行政部门规定的其他形式申请专利的，应当符合规定的要求。 申请人委托专利代理机构向国务院专利行政部门申请专利和办理其他专利事务的，应当同时提交委托书，写明委托权限。 申请人有 2 人以上且	第二章　专利的申请 第十七条 申请专利的，应当向国务院专利行政部门提交申请文件。**申请文件**应当符合规定的要求。 申请人委托专利代理机构向国务院专利行政部门申请专利和办理其他专利事务的，应当同时提交委托书，写明委托权限。 申请人有 2 人以上且未委托专利代理机构的，除请求书中另有声明的外，以请求书中指明的第一申请人为代表人。

		未委托专利代理机构的，除请求书中另有声明的外，以请求书中指明的第一申请人为代表人。	未委托专利代理机构的，除请求书中另有声明的外，以请求书中指明的第一申请人为代表人。	**第十八条**（新增） 依照专利法第十八条第一款的规定委托专利代理机构在中国申请专利和办理其他专利事务的，涉及下列事务，申请人或者专利权人可以自行办理： （一）申请要求优先权的，提交第一次提出的专利申请（以下简称在先申请）文件副本； （二）缴纳费用； （三）国务院专利行政部门规定的其他事务。
第十七条 专利法第二十六条第二款所称的请求书中的其他事项是指：	**第十七条** 专利法第二十六条第二款所称请求书中的其他事项是指：	**第十七条** 专利法第二十六条第二款所称请求书中的其他事项，是指：	**第十六条** **发明、实用新型或者外观设计专利申请的请求书应当写明下列事项：**	**第十九条** 发明、实用新型或者外观设计专利申请的请求书应当写明下列事项：

1985年	1992年	2001年	2010年	2023年
（一）申请人的国籍； （二）申请人是企业或者其他组织的，其总部所在的国家； （三）申请人委托专利代理机构的，专利代理机构的名称、地址和专利代理人的姓名； （四）申请人是单位的，代表人的姓名； （五）要求优先权的，应当注明的有关事项； （六）申请人的签字或者盖章； （七）申请文件清单； （八）附加文件清单。 申请人有两个以上而未委托专利代理机构的，应当指定一人为代表人；未指定代表人的，以第一署名人为代表人。 申请外观设计专利的，必要时还应当写明对外观设计的简要说明。	（一）申请人的国籍； （二）申请人是企业或者其他组织的，其总部所在的国家； （三）申请人委托专利代理机构的，**应当注明的有关事项**； （四）要求优先权的，应当注明的有关事项； （五）申请人**或者专利代理机构**的签字或者盖章； （六）申请文件清单； （七）附加文件清单； （八）**其他需要注明的有关事项**。 申请人有两个以上而未委托专利代理机构的，应当指定一人为代表人。	（一）申请人的国籍； （二）申请人是企业或者其他组织的，其总部所在地的国家； （三）申请人委托专利代理机构的，应当注明的有关事项；**申请人未委托专利代理机构的，其联系人的姓名、地址、邮政编码及联系电话**； （四）要求优先权的，应当注明的有关事项； （五）申请人或者专利代理机构的签字或者盖章； （六）申请文件清单； （七）附加文件清单； （八）其他需要注明的有关事项。	（一）**发明、实用新型或者外观设计的名称**； （二）**申请人是中国单位或者个人的，其名称或者姓名、地址、邮政编码、组织机构代码或者居民身份证件号码**；申请人是外国人、**外国企业**或者外国其他组织的，**其姓名或者名称、国籍或者注册**的国家**或者地区**； （三）**发明人或者设计人的姓名**； （四）申请人委托专利代理机构的，**受托机构的名称、机构代码以及该机构指定的专利代理人的姓名、执业证号码、联系电话**； （五）要求优先权的，**申请人第一次提出专利申请（以下简称在先申请）的申请日、申请号以及原受理机构的名称**；	（一）发明、实用新型或者外观设计的名称； （二）申请人是中国单位或者个人的，其名称或者姓名、地址、邮政编码、**统一社会信用**代码或者身份证件号码；申请人是外国人、外国企业或者外国其他组织的，其姓名或者名称、国籍或者注册的国家或者地区； （三）发明人或者设计人的姓名； （四）申请人委托专利代理机构的，受托机构的名称、机构代码以及该机构指定的专利代理师的姓名、**专利代理师资格证**号码、联系电话； （五）要求优先权的，在先申请的申请日、申请号以及原受理机构的名称；

			（六）申请人或者专利代理机构的签字或者盖章； （七）申请文件清单； （八）附加文件清单； （九）其他需要**写**明的有关事项。	（六）申请人或者专利代理机构的签字或者盖章； （七）申请文件清单； （八）附加文件清单； （九）其他需要写明的有关事项。
第十八条 发明或者实用新型专利申请的说明书，除发明或者实用新型的性质需用其他方式和顺序说明的以外，应当按照下列顺序撰写： （一）发明或者实用新型的名称，该名称应当与请求书中的名称一致； （二）发明或者实用新型所属技术领域； （三）就申请人所知，写明对发明或者实用新型的理解、检索、审查有参考作用的现有技术，并且引证反映该项	**第十八条** 发明或者实用新型专利申请的说明书应当按照下列**方式和**顺序撰写： （一）发明或者实用新型的名称，该名称应当与请求书中的名称一致； （二）发明或者实用新型所属技术领域； （三）就申请人所知，写明对发明或者实用新型的理解、检索、审查有**用的背景**技术，并且引证反映**这些背景**技术的文件； （四）发明或者实用新型的目的；	**第十八条** 发明或者实用新型专利申请的说明书应当**写明**发明或者实用新型的名称，该名称应当与请求书中的名称一致。**说明书应当包括下列内容：** （一）**技术领域：写明要求保护的技术方案所属的**技术领域； （二）**背景技术：**写明对发明或者实用新型的理解、检索、审查有用的背景技术；**有可能的，**并引证反映这些背景技术的文件； （三）**发明内容：**写	**第十七条** 发明或者实用新型专利申请的说明书应当写明发明或者实用新型的名称，该名称应当与请求书中的名称一致。说明书应当包括下列内容： （一）技术领域：写明要求保护的技术方案所属的技术领域； （二）背景技术：写明对发明或者实用新型的理解、检索、审查有用的背景技术；有可能的，并引证反映这些背景技术的文件； （三）发明内容：写	**第二十条** 发明或者实用新型专利申请的说明书应当写明发明或者实用新型的名称，该名称应当与请求书中的名称一致。说明书应当包括下列内容： （一）技术领域：写明要求保护的技术方案所属的技术领域； （二）背景技术：写明对发明或者实用新型的理解、检索、审查有用的背景技术；有可能的，并引证反映这些背景技术的文件； （三）发明内容：写

1985 年	1992 年	2001 年	2010 年	2023 年
技术的文件； （四）发明或者实用新型的目的； （五）清楚、完整地写明发明或者实用新型的内容，以所属技术领域的普通技术人员能够实现为准； （六）发明或者实用新型与现有技术相比所具有的优点或者积极效果； （七）如有附图，应当有图面说明； （八）详细描述申请人认为实现发明或者实用新型的最好方式，有附图的应当对照附图。 发明或者实用新型说明书可以有化学式或者数学式，但不得有商业性宣传用语。	（五）写明**要求保护**的发明或者实用新型的**技术方案**，**使**所属技术领域的技术人员能够**理解，并且能够达到发明或者实用新型的目的**； （六）发明或者实用新型与**背景**技术相比所具有的**有益的**效果； （七）有附图**的**，应当有图面说明； （八）详细描述申请人认为实现发明或者实用新型的最好方式，**在适当的情况下，应当举例说明**；有附图**的**，应当对照附图。 **发明或者实用新型专利申请人应当按照前款规定的方式和顺序撰写说明书，除非其发明或者实用新型的性质用其他方式或者顺序撰写能节约说明书的篇幅并使**	明发明或者实用新型**所要解决的技术问题以及解决其技术问题采用**的技术方案，**并对照现有技术写明发明或者实用新型的有益效果**； （四）**附图说明：说明书**有附图的，**对各幅附图作简略**说明； （五）**具体实施方式**：详细**写明**申请人认为实现发明或者实用新型的**优选**方式；**必要时**，举例说明；有附图的，对照附图。 发明或者实用新型专利申请人应当按照前款规定的方式和顺序撰写说明书，**并在说明书每一部分前面写明标题，**除非其发明或者实用新型的性质用其他方式或者顺序撰写能节约说明书的篇幅并使他人能**够准**	明发明或者实用新型所要解决的技术问题以及解决其技术问题采用的技术方案，并对照现有技术写明发明或者实用新型的有益效果； （四）附图说明：说明书有附图的，对各幅附图作简略说明； （五）具体实施方式：详细写明申请人认为实现发明或者实用新型的优选方式；必要时，举例说明；有附图的，对照附图。 发明或者实用新型专利申请人应当按照前款规定的方式和顺序撰写说明书，并在说明书每一部分前面写明标题，除非其发明或者实用新型的性质用其他方式或者顺序撰写能节约说明书的篇幅并使他人能够准	明发明或者实用新型所要解决的技术问题以及解决其技术问题采用的技术方案，并对照现有技术写明发明或者实用新型的有益效果； （四）附图说明：说明书有附图的，对各幅附图作简略说明； （五）具体实施方式：详细写明申请人认为实现发明或者实用新型的优选方式；必要时，举例说明；有附图的，对照附图。 发明或者实用新型专利申请人应当按照前款规定的方式和顺序撰写说明书，并在说明书每一部分前面写明标题，除非其发明或者实用新型的性质用其他方式或者顺序撰写能节约说明书的篇幅并使他人能够准

	他人能更好地理解其发明或者实用新型。 发明或者实用新型说明书**中不得使用"如权利要求……所述的……"一类的引用语，也不得使用**商业性宣传用语。	**确**理解其发明或者实用新型。 发明或者实用新型说明书应当**用词规范、语句清楚，并**不得使用"如权利要求……所述的……"一类的引用语，也不得使用商业性宣传用语。 **发明专利申请包含一个或者多个核苷酸或者氨基酸序列的，说明书应当包括符合国务院专利行政部门规定的序列表。申请人应当将该序列表作为说明书的一个单独部分提交，并按照国务院专利行政部门的规定提交该序列表的计算机可读形式的副本。**	确理解其发明或者实用新型。 发明或者实用新型说明书应当用词规范、语句清楚，并不得使用"如权利要求……所述的……"一类的引用语，也不得使用商业性宣传用语。 发明专利申请包含一个或者多个核苷酸或者氨基酸序列的，说明书应当包括符合国务院专利行政部门规定的序列表。申请人应当将该序列表作为说明书的一个单独部分提交，并按照国务院专利行政部门的规定提交该序列表的计算机可读形式的副本。 **实用新型专利申请说明书应当有表示要求保护的产品的形状、构造或者其结合的附图。**	确理解其发明或者实用新型。 发明或者实用新型说明书应当用词规范、语句清楚，并不得使用"如权利要求……所述的……"一类的引用语，也不得使用商业性宣传用语。 发明专利申请包含一个或者多个核苷酸或者氨基酸序列的，说明书应当包括符合国务院专利行政部门规定的序列表。 实用新型专利申请说明书应当有表示要求保护的产品的形状、构造或者其结合的附图。

1985 年	1992 年	2001 年	2010 年	2023 年
第十九条 发明或者实用新型的几幅附图可以绘在一张图纸上，每幅附图应当用阿拉伯数字编号。并且按照顺序排列。 附图的大小及清晰度，应当保证在该图缩小到三分之二时，仍能清楚地分辨出图中的各个细节。 同一申请中使用的附图标记应当前后一致。发明或者实用新型说明书未提及的标记不得在附图中出现。 附图中除必需的词语外，不应当含有其他注释。	第十九条 发明或者实用新型的几幅附图可以绘在一张图纸上，**附图应当按照“图 1，图 2，……”**顺序**编号**排列。 附图的大小及清晰度，应当保证在该图缩小到三分之二时，仍能清楚地分辨出图中的各个细节。 发明或者实用新型说明书**文字部分**中未提及的附图标记不得在附图中出现，**附图中未出现的附图标记不得在说明书文字部分中提及。申请文件中表示同一组成部分的附图标记应当一致。** 附图中除必需的词语外，不应当含有其他注释。	第十九条 发明或者实用新型的几幅附图可以绘在一张图纸上，**并**按照“图 1，图 2，……”顺序编号排列。 附图的大小及清晰度，应当保证在该图缩小到三分之二时仍能清**晰**地分辨出图中的各个细节。 发明或者实用新型说明书文字部分中未提及的附图标记不得在附图中出现，附图中未出现的附图标记不得在说明书文字部分中提及。申请文件中表示同一组成部分的附图标记应当一致。 附图中除必需的词语外，不应当含有其他注释。	第十八条 发明或者实用新型的几幅附图**应当**按照“图 1，图 2，……”顺序编号排列。 发明或者实用新型说明书文字部分中未提及的附图标记不得在附图中出现，附图中未出现的附图标记不得在说明书文字部分中提及。申请文件中表示同一组成部分的附图标记应当一致。 附图中除必需的词语外，不应当含有其他注释。	第二十一条 发明或者实用新型的几幅附图应当按照“图 1，图 2，……”顺序编号排列。 发明或者实用新型说明书文字部分中未提及的附图标记不得在附图中出现，附图中未出现的附图标记不得在说明书文字部分中提及。申请文件中表示同一组成部分的附图标记应当一致。 附图中除必需的词语外，不应当含有其他注释。

第二十条	**第二十条**	**第二十条**	**第十九条**	**第二十二条**
权利要求书应当说明发明或者实用新型的技术特征，清楚和简要地表述请求保护的范围。 权利要求书有几项权利要求的，应当用阿拉伯数字顺序编号。 权利要求书中使用的科技术语应当与说明书中使用的一致，可以有化学式或者数学式，但不得有插图。除有绝对必要外，不得使用“如说明书……部分所述”或者“如图……所示”的用语。	权利要求书应当说明发明或者实用新型的技术特征，清楚**并**简要地表述请求保护的范围。 权利要求书有几项权利要求的，应当用阿拉伯数字顺序编号。 权利要求书中使用的科技术语应当与说明书中使用的**科技术语**一致，可以有化学式或者数学式，但是不得有插图。除绝对必要的外，不得使用“如说明书……部分所述”或者“如图……所示”的用语。 **权利要求中的技术特征可以引用说明书附图中相应的标记，该标记应当放在相应的技术特征后面，并置于括号内，以利于理解权利要求。附图标记不得解释为对权利要求的限制。**	权利要求书应当说明发明或者实用新型的技术特征，清楚、简要地表述请求保护的范围。 权利要求书有几项权利要求的，应当用阿拉伯数字顺序编号。 权利要求书中使用的科技术语应当与说明书中使用的科技术语一致，可以有化学式或者数学式，但是不得有插图。除绝对必要的外，不得使用“如说明书……部分所述”或者“如图……所示”的用语。 权利要求中的技术特征可以引用说明书附图中相应的标记，该标记应当放在相应的技术特征后并置于括号内，**便**于理解权利要求。附图标记不得解释为对权利要求的限制。	权利要求书应当**记载**发明或者实用新型的技术特征。 权利要求书有几项权利要求的，应当用阿拉伯数字顺序编号。 权利要求书中使用的科技术语应当与说明书中使用的科技术语一致，可以有化学式或者数学式，但是不得有插图。除绝对必要的外，不得使用“如说明书……部分所述”或者“如图……所示”的用语。 权利要求中的技术特征可以引用说明书附图中相应的标记，该标记应当放在相应的技术特征后并置于括号内，便于理解权利要求。附图标记不得解释为对权利要求的限制。	权利要求书应当记载发明或者实用新型的技术特征。 权利要求书有几项权利要求的，应当用阿拉伯数字顺序编号。 权利要求书中使用的科技术语应当与说明书中使用的科技术语一致，可以有化学式或者数学式，但是不得有插图。除绝对必要的外，不得使用“如说明书……部分所述”或者“如图……所示”的用语。 权利要求中的技术特征可以引用说明书附图中相应的标记，该标记应当放在相应的技术特征后并置于括号内，便于理解权利要求。附图标记不得解释为对权利要求的限制。

1985 年	1992 年	2001 年	2010 年	2023 年
第二十一条 权利要求书可以包括独立权利要求和从属权利要求。 独立权利要求应当从整体上反映发明或者实用新型的主要技术内容，记载构成发明或者实用新型必要的技术特征。 引用一项或者几项权利要求的从属权利要求，只能引用在前的权利要求。	**第二十一条** 权利要求书**应当有**独立权利要求，**也可以有**从属权利要求。 独立权利要求应当从整体上反映发明或者实用新型的技术**方案**，记载**为达到**发明或者实用新型**目的**的**必要**技术特征。 **从属权利要求应当用要求保护的附加技术特征，对引用的权利要求作进一步的限定。**	**第二十一条** 权利要求书应当有独立权利要求，也可以有从属权利要求。 独立权利要求应当从整体上反映发明或者实用新型的技术方案，记载**解决技术问题的**必要技术特征。 从属权利要求应当用附加的技术特征，对引用的权利要求作进一步限定。	**第二十条** 权利要求书应当有独立权利要求，也可以有从属权利要求。 独立权利要求应当从整体上反映发明或者实用新型的技术方案，记载解决技术问题的必要技术特征。 从属权利要求应当用附加的技术特征，对引用的权利要求作进一步限定。	**第二十三条** 权利要求书应当有独立权利要求，也可以有从属权利要求。 独立权利要求应当从整体上反映发明或者实用新型的技术方案，记载解决技术问题的必要技术特征。 从属权利要求应当用附加的技术特征，对引用的权利要求作进一步限定。
第二十二条 除发明或者实用新型的性质需用其他方式表达的以外，独立权利要求应当按照下列规定撰写： （一）前序部分：说明发明或者实用新型所属技术领域以及现有技术	**第二十二条** 发明或者实用新型的独立权利要求应当**包括前序部分和特征部分，**按照下列规定撰写： （一）前序部分：**写**明发明或者实用新型**要求保护的主题名称和**发明或者实用新型主题与现	**第二十二条** 发明或者实用新型的独立权利要求应当包括前序部分和特征部分，按照下列规定撰写： （一）前序部分：写明**要求保护的**发明或者实用新型**技术方案**的主题名称和发明或者实用新	**第二十一条** 发明或者实用新型的独立权利要求应当包括前序部分和特征部分，按照下列规定撰写： （一）前序部分：写明要求保护的发明或者实用新型技术方案的主题名称和发明或者实用新	**第二十四条** 发明或者实用新型的独立权利要求应当包括前序部分和特征部分，按照下列规定撰写： （一）前序部分：写明要求保护的发明或者实用新型技术方案的主题名称和发明或者实用新

中与发明或者实用新型主题密切相关的技术特征；	有技术**共有的必要**技术特征；	型主题与**最接近的**现有技术共有的必要技术特征；	型主题与最接近的现有技术共有的必要技术特征；	型主题与最接近的现有技术共有的必要技术特征；
（二）特征部分：使用“本发明（或者实用新型）的特征是……”或者类似的简明语言，说明发明或者实用新型的技术特征。这些特征，与前序部分说明的特征一起，构成要求保护的技术特征。	（二）特征部分：使用“**其**特征是……”或者类似的**用语**，**写**明发明或者实用新型**区别于现有技术**的技术特征。这些特征**和**前序部分**写**明的特征**合在**一起，**限定发明或者实用新型要求保护的范围**。	（二）特征部分：使用“其特征是……”或者类似的用语，写明发明或者实用新型区别于**最接近的**现有技术的技术特征。这些特征和前序部分写明的特征合在一起，限定发明或者实用新型要求保护的范围。	（二）特征部分：使用“其特征是……”或者类似的用语，写明发明或者实用新型区别于最接近的现有技术的技术特征。这些特征和前序部分写明的特征合在一起，限定发明或者实用新型要求保护的范围。	（二）特征部分：使用“其特征是……”或者类似的用语，写明发明或者实用新型区别于最接近的现有技术的技术特征。这些特征和前序部分写明的特征合在一起，限定发明或者实用新型要求保护的范围。
	发明或者实用新型的性质不适合用前款方式表达的，独立权利要求可以用其他方式撰写。	发明或者实用新型的性质不适**于**用前款方式表达的，独立权利要求可以用其他方式撰写。	发明或者实用新型的性质不适于用前款方式表达的，独立权利要求可以用其他方式撰写。	发明或者实用新型的性质不适于用前款方式表达的，独立权利要求可以用其他方式撰写。
一项发明或者实用新型应当只有一个独立权利要求，并且写在同一发明或者实用新型的从属权利要求之前。	一项发明或者实用新型应当只有一个独立权利要求，并写在同一发明或者实用新型的从属权利要求之前。	一项发明或者实用新型应当只有一个独立权利要求，并写在同一发明或者实用新型的从属权利要求之前。	一项发明或者实用新型应当只有一个独立权利要求，并写在同一发明或者实用新型的从属权利要求之前。	一项发明或者实用新型应当只有一个独立权利要求，并写在同一发明或者实用新型的从属权利要求之前。
第二十三条 除发明或者实用新型的性质需要用其他方式表达的以外，从属权利	**第二十三条** 发明或者实用新型的从属权利要求应当**包括引用部分和限定部分，**	**第二十三条** 发明或者实用新型的从属权利要求应当包括引用部分和限定部分，	**第二十二条** 发明或者实用新型的从属权利要求应当包括引用部分和限定部分，	**第二十五条** 发明或者实用新型的从属权利要求应当包括引用部分和限定部分，

1985 年	1992 年	2001 年	2010 年	2023 年
要求应当按照下列规定撰写： （一）引用部分：写明被引用的权利要求的编号，可能时把编号写在句首； （二）特征部分：写明发明或者实用新型附加的技术特征，对引用部分的技术特征作进一步限定。 引用两项以上其他权利要求的从属权利要求，不得互相引用。	按照下列规定撰写： （一）引用部分：写明引用的权利要求的编号**及其主题名称**； （二）**限定**部分：写明发明或者实用新型附加的技术特征。 **引用一项或者两项以上权利要求的从属权利要求，只能引用在前的权利要求**。引用两项以上权利要求的**多项**从属权利要求，**不得作为另一项多项从属权利要求的基础**。	按照下列规定撰写： （一）引用部分：写明引用的权利要求的编号及其主题名称； （二）限定部分：写明发明或者实用新型附加的技术特征。 **从属权利要求**只能引用在前的权利要求。引用两项以上权利要求的多项从属权利要求，只能以**择一方式**引用在前的权利要求，**并**不得作为另一项多项从属权利要求的基础。	按照下列规定撰写： （一）引用部分：写明引用的权利要求的编号及其主题名称； （二）限定部分：写明发明或者实用新型附加的技术特征。 从属权利要求只能引用在前的权利要求。引用两项以上权利要求的多项从属权利要求，只能以择一方式引用在前的权利要求，并不得作为另一项多项从属权利要求的基础。	按照下列规定撰写： （一）引用部分：写明引用的权利要求的编号及其主题名称； （二）限定部分：写明发明或者实用新型附加的技术特征。 从属权利要求只能引用在前的权利要求。引用两项以上权利要求的多项从属权利要求，只能以择一方式引用在前的权利要求，并不得作为另一项多项从属权利要求的基础。
第二十四条 摘要应当写明发明或者实用新型所属的技术领域、需要解决的技术问题、主要技术特征和用途。摘要可以包含最能说明发明的化学式或者说明发明、实用新型	**第二十四条** 摘要应当写明发明或者实用新型所属的技术领域、需要解决的技术问题、主要技术特征和用途。摘要可以包含最能说明发明的化学式。**有附图的专利申请，应**	**第二十四条** **说明书**摘要应当写明发明或者实用新型**专利申请所公开内容的概要，即写明发明或者实用新型的名称和**所属技术领域，**并清楚地反映所要**解决的技术问题、**解**	**第二十三条** 说明书摘要应当写明发明或者实用新型专利申请所公开内容的概要，即写明发明或者实用新型的名称和所属技术领域，并清楚地反映所要解决的技术问题、解	**第二十六条** 说明书摘要应当写明发明或者实用新型专利申请所公开内容的概要，即写明发明或者实用新型的名称和所属技术领域，并清楚地反映所要解决的技术问题、解

<table>
<tr>
<td>的一幅附图。全文以不超过 200 个字为宜。</td>
<td>当由申请人指定并提供一幅最能说明该发明或者实用新型技术特征的附图。附图的大小及清晰度应当保证在该图缩小到 4 厘米 ×6 厘米时，仍能清楚地分辨出图中的各个细节。摘要文字部分不得超过 200 个字。摘要中不得使用商业性宣传用语。</td>
<td>决该问题的技术方案的要点以及主要用途。
说明书摘要可以包含最能说明发明的化学式；有附图的专利申请，还应当提供一幅最能说明该发明或者实用新型技术特征的附图。附图的大小及清晰度应当保证在该图缩小到 4 厘米 ×6 厘米时，仍能清晰地分辨出图中的各个细节。摘要文字部分不得超过 300 个字。摘要中不得使用商业性宣传用语。</td>
<td>决该问题的技术方案的要点以及主要用途。
说明书摘要可以包含最能说明发明的化学式；有附图的专利申请，还应当提供一幅最能说明该发明或者实用新型技术特征的附图。附图的大小及清晰度应当保证在该图缩小到 4 厘米 ×6 厘米时，仍能清晰地分辨出图中的各个细节。摘要文字部分不得超过 300 个字。摘要中不得使用商业性宣传用语。</td>
<td>决该问题的技术方案的要点以及主要用途。
说明书摘要可以包含最能说明发明的化学式；有附图的专利申请，还应当在请求书中指定一幅最能说明该发明或者实用新型技术特征的说明书附图作为摘要附图。摘要中不得使用商业性宣传用语。</td>
</tr>
<tr>
<td>第二十五条
申请专利的发明是涉及新的微生物学方法或者其产品，而且使用的微生物是公众不能得到的，除申请应当符合专利法和本细则的有关规定外，申请人还应当办理下列手续：</td>
<td>第二十五条
申请专利的发明涉及新的微生物、微生物学方法或者其产品，而且使用的微生物是公众不能得到的，除该申请应当符合专利法和本细则的有关规定外，申请人并应当办理下列手续：</td>
<td>第二十五条
申请专利的发明涉及新的生物材料，该生物材料公众不能得到，并且对该生物材料的说明不足以使所属领域的技术人员实施其发明的，除应当符合专利法和本细则的有关规定外，申请</td>
<td>第二十四条
申请专利的发明涉及新的生物材料，该生物材料公众不能得到，并且对该生物材料的说明不足以使所属领域的技术人员实施其发明的，除应当符合专利法和本细则的有关规定外，申请</td>
<td>第二十七条
申请专利的发明涉及新的生物材料，该生物材料公众不能得到，并且对该生物材料的说明不足以使所属领域的技术人员实施其发明的，除应当符合专利法和本细则的有关规定外，申请</td>
</tr>
</table>

1985 年	1992 年	2001 年	2010 年	2023 年
（一）在申请日前，或者最迟在申请日，将该微生物菌种提交专利局指定的微生物菌种保藏单位保藏； （二）在申请文件中，提供有关微生物特征的资料； （三）在请求书中写明该微生物分类命名（注明拉丁文名称）和保藏该微生物菌种的单位名称、提交日期和保藏编号，并且附具该单位的证明。	（一）在申请日前或者最迟在申请日，将该微生物菌种提交专利局指定的微生物菌种保藏单位保藏，**并在申请时或者最迟自申请日起三个月内提交保藏单位出具的保藏证明和存活证明；期满未提交证明的，该菌种被视为未提交保藏；** （二）在申请文件中，提供有关微生物特征的资料； （三）**涉及微生物菌种保藏的专利申请应当在**请求书**和说明书中**写明该微生物的分类命名（注明拉丁文名称）、保藏该微生物菌种的单位名称、地址、保藏日期和保藏编号；**申请时未写明的，应当自申请日起三个月内补正；期满未补正的，该菌种被视为未提交保藏。**	人**还**应当办理下列手续： （一）在申请日前或者最迟在申请日**（有优先权的，指优先权日）**，将该生物材料的样品提交**国务院专利行政部门认可**的保藏单位保藏，并在申请时或者最迟自申请日起**4**个月内提交保藏单位出具的保藏证明和存活证明；期满未提交证明的，该**样品**视为未提交保藏； （二）在申请文件中，提供有关**该生物材料特征**的资料； （三）涉及**生物材料样品**保藏的专利申请应当在请求书和说明书中写明该**生物材料**的分类命名（注明拉丁文名称）、保藏该**生物材料样品**的单位名称、地址、保藏日期和保藏编号；申请时未写明的，应当自	人还应当办理下列手续： （一）在申请日前或者最迟在申请日（有优先权的，指优先权日），将该生物材料的样品提交国务院专利行政部门认可的保藏单位保藏，并在申请时或者最迟自申请日起 4 个月内提交保藏单位出具的保藏证明和存活证明；期满未提交证明的，该样品视为未提交保藏； （二）在申请文件中，提供有关该生物材料特征的资料； （三）涉及生物材料样品保藏的专利申请应当在请求书和说明书中写明该生物材料的分类命名（注明拉丁文名称）、保藏该生物材料样品的单位名称、地址、保藏日期和保藏编号；申请时未写明的，应当自	人还应当办理下列手续： （一）在申请日前或者最迟在申请日（有优先权的，指优先权日），将该生物材料的样品提交国务院专利行政部门认可的保藏单位保藏，并在申请时或者最迟自申请日起 4 个月内提交保藏单位出具的保藏证明和存活证明；期满未提交证明的，该样品视为未提交保藏； （二）在申请文件中，提供有关该生物材料特征的资料； （三）涉及生物材料样品保藏的专利申请应当在请求书和说明书中写明该生物材料的分类命名（注明拉丁文名称）、保藏该生物材料样品的单位名称、地址、保藏日期和保藏编号；申请时未写明的，应当自

		申请日起**4**个月内补正；期满未补正的，视为未提交保藏。	申请日起4个月内补正；期满未补正的，视为未提交保藏。	申请日起4个月内补正；期满未补正的，视为未提交保藏。
第二十六条 有关微生物的发明专利申请公布后，任何单位或者个人需要将专利申请所涉及的微生物作为实验目的使用的，应当向专利局提出请求，写明下列事项： （一）请求人的姓名或者名称和地址； （二）请求人不向其他任何人提供菌种的保证； （三）在授予专利权之前，只作为实验目的的使用的保证。	**第二十六条** 有关微生物的发明专利申请公布后，任何单位或者个人需要将专利申请所涉及的微生物作为实验目的使用的，应当向专利局提出请求，**并**写明下列事项： （一）请求人的姓名或者名称和地址； （二）不向其他任何人提供菌种的保证； （三）在授予专利权之前，只作为实验目的的使用的保证。	**第二十六条** **发明专利申请人依照本细则第二十五条的规定保藏生物材料样品的，在**发明专利申请公布后，任何单位或者个人需要将**该**专利申请所涉及的**生物材料**作为实验目的使用的，应当向**国务院专利行政部门**提出请求，并写明下列事项： （一）请求人的姓名或者名称和地址； （二）不向其他任何人提供**该生物材料**的保证； （三）在授予专利权前，只作为实验目的的使用的保证。	**第二十五条** 发明专利申请人依照本细则**第二十四条**的规定保藏生物材料样品的，在发明专利申请公布后，任何单位或者个人需要将该专利申请所涉及的生物材料作为实验目的使用的，应当向国务院专利行政部门提出请求，并写明下列事项： （一）请求人的姓名或者名称和地址； （二）不向其他任何人提供该生物材料的保证； （三）在授予专利权前，只作为实验目的的使用的保证。 **第二十六条**（新增） **专利法所称遗传资源，**	**第二十八条** 发明专利申请人依照本细则第**二十七**条的规定保藏生物材料样品的，在发明专利申请公布后，任何单位或者个人需要将该专利申请所涉及的生物材料作为实验目的使用的，应当向国务院专利行政部门提出请求，并写明下列事项： （一）请求人的姓名或者名称和地址； （二）不向其他任何人提供该生物材料的保证； （三）在授予专利权前，只作为实验目的的使用的保证。 **第二十九条** 专利法所称遗传资源，

1985 年	1992 年	2001 年	2010 年	2023 年
			是指取自人体、动物、植物或者微生物等含有遗传功能单位并具有实际或者潜在价值的材料；专利法所称依赖遗传资源完成的发明创造，是指利用了遗传资源的遗传功能完成的发明创造。 **就依赖遗传资源完成的发明创造申请专利的，申请人应当在请求书中予以说明，并填写国务院专利行政部门制定的表格。**	是指取自人体、动物、植物或者微生物等含有遗传功能单位并具有实际或者潜在价值的材料**和利用此类材料产生的遗传信息**；专利法所称依赖遗传资源完成的发明创造，是指利用了遗传资源的遗传功能完成的发明创造。 就依赖遗传资源完成的发明创造申请专利的，申请人应当在请求书中予以说明，并填写国务院专利行政部门制定的表格。
第二十七条 依照专利法第二十七条规定提交的外观设计的图片或者照片，不得小于 3 厘米 × 8 厘米，也不得大于 19 厘米 × 27 厘米。	**第二十七条** 依照专利法第二十七条规定提交的外观设计的图片或者照片，不得小于 3 厘米 × 8 厘米，也不得大于 **15** 厘米 × **22** 厘米。	**第二十七条** 依照专利法第二十七条规定提交的外观设计的图片或者照片，不得小于 3 厘米 × 8 厘米，**并**不得大于 15 厘米 × 22 厘米。	**第二十七条** **申请人**请求保护色彩的，应当提交彩色图片或者照片。 申请人应当就每件外观设计产品所需要保护的内容提交有关**图片**	**第三十条** 申请人应当就每件外观设计产品所需要保护的内容提交有关图片或者照片。 **申请局部外观设计专利的，应当提交整体产**

申请人可以就每件外观设计提交不同角度、不同侧面或者不同状态的图片或者照片，以清楚地显示请求保护的对象。每幅图片或者照片应当写明外观设计的角度、侧面和状态，并且在图片或者照片背面的左、右上方分别标上顺序编号和申请人的姓名或者名称。	**同时请求保护色彩的外观设计专利申请，应当提交彩色和黑白的图片或者照片各一份。** 申请人**应当**就每件外观设计**产品所需要保护的内容**提交**有关视图**或者照片，以清楚地显示请求保护的对象。	同时请求保护色彩的外观设计专利申请，应当提交彩色图片或者照片**一式两份**。 申请人应当就每件外观设计产品所需要保护的内容提交有关视图或者照片，清楚地显示请求保护的对象。	或者照片。	**品的视图，并用虚线与实线相结合或者其他方式表明所需要保护部分的内容。** 申请人请求保护色彩的，应当提交彩色图片或者照片。
第二十八条 请求保护色彩的外观设计专利申请，应当提交彩色和黑白的图片或者照片各一份，并且在黑白的图片或者照片上注明请求保护的色彩。	（该条经修改后作为本细则的第二十七条第二款）			
	第二十八条（新增） **申请外观设计专利的，必要时应当写明对外观设计的简要说明。**	**第二十八条** 申请外观设计专利的，必要时应当写明对外观设计的简要说明。	**第二十八条** 外观设计的简要说明应当写明外观设计产品的**名称**、**用途**，外观设	**第三十一条** 外观设计的简要说明应当写明外观设计产品的名称、用途，外观设

1985 年	1992 年	2001 年	2010 年	2023 年
	外观设计的简要说明应当写**明使用该外观设计的产品的主要创作部位、请求保护色彩、省略视图等情况。简要说明不得使用商业性宣传用语，也不能用来说明产品的性能和用途。**	外观设计的简要说明应当写明使用该外观设计的产品的**设计要点**、请求保护色彩、省略视图等情况。简要说明不得使用商业性宣传用语，也不能用来说明产品的性能。	计的设计要点，**并指定一幅最能表明设计要点的图片或者照片**。省略视图**或者**请求保护色彩**的，应当在简要说明中写明**。 **对同一产品的多项相似外观设计提出一件外观设计专利申请的，应当在简要说明中指定其中一项作为基本设计。** 简要说明不得使用商业性宣传用语，也不能用来说明产品的性能。	计的设计要点，并指定一幅最能表明设计要点的图片或者照片。省略视图或者请求保护色彩的，应当在简要说明中写明。 对同一产品的多项相似外观设计提出一件外观设计专利申请的，应当在简要说明中指定其中一项作为基本设计。 **申请局部外观设计专利的，应当在简要说明中写明请求保护的部分，已在整体产品的视图中用虚线与实线相结合方式表明的除外。** 简要说明不得使用商业性宣传用语，也不**得**说明产品的性能。
第二十九条 专利局认为必要时，可以要求外观设计专利申	**第二十九条** 专利局认为必要时，可以要求外观设计专利申	**第二十九条** **国务院专利行政部**门认为必要时，可以要求	**第二十九条** 国务院专利行政部门认为必要时，可以要求	**第三十二条** 国务院专利行政部门认为必要时，可以要求

请人提交使用外观设计的产品样品或者模型。样品或者模型的体积不得超过30厘米×30厘米×30厘米，重量不得超过15公斤。易腐、易损或者危险品不得作为样品或者模型提交。	请人提交使用外观设计的产品样品或者模型。样品或者模型的体积不得超过30厘米×30厘米×30厘米，重量不得超过15公斤。易腐、易损或者危险品不得作为样品或者模型提交。	外观设计专利申请人提交使用外观设计的产品样品或者模型。样品或者模型的体积不得超过30厘米×30厘米×30厘米，重量不得超过15公斤。易腐、易损或者危险品不得作为样品或者模型提交。	外观设计专利申请人提交使用外观设计的产品样品或者模型。样品或者模型的体积不得超过30厘米×30厘米×30厘米，重量不得超过15公斤。易腐、易损或者危险品不得作为样品或者模型提交。	外观设计专利申请人提交使用外观设计的产品样品或者模型。样品或者模型的体积不得超过30厘米×30厘米×30厘米，重量不得超过15公斤。易腐、易损或者危险品不得作为样品或者模型提交。
	第三十条（新增） **专利法第二十二条第三款所称已有的技术，是指申请日前在国内外出版物上公开发表、在国内公开使用或者以其他方式为公众所知的技术，即现有技术。**	**第三十条** 专利法第二十二条第三款所称已有的技术，是指申请日**（有优先权的，指优先权日）**前在国内外出版物上公开发表、在国内公开使用或者以其他方式为公众所知的技术，即现有技术。	（该条修改后作为2008年《专利法》的第二十二条第五款）	
第三十条 专利法第二十四条第二项所称的学术会议或者技术会议是指国务院有关主管部门或者全国	**第三十一条** 专利法第二十四条第二项所称学术会议或者技术会议，是指国务院有关主管部门或者全国	**第三十一条** 专利法第二十四条第（二）项所称学术会议或者技术会议，是指国务院有关主管部门或者	**第三十条** 专利法第二十四条第（一）项所称**中国政府承认的国际展览会，是指国际展览会公约规定**	**第三十三条** 专利法第二十四条第（二）项所称中国政府承认的国际展览会，是指国际展览会公约规定

1985 年	1992 年	2001 年	2010 年	2023 年
性学术团体组织召开的学术会议或者技术会议。 **第三十一条** 专利申请有专利法第二十四条第一项或者第二项规定情形的，申请人应当在提出专利申请时声明，并且自申请日起两个月内，提交有关国际展览会或者学术会议、技术会议的组织单位出具的有关发明创造已经展出或者发表，以及展出或者发表日期的证明文件。 专利申请有专利法第二十四条第三项规定情形的，专利局在必要时可以要求申请人提出证明文件。	性学术团体组织召开的学术会议或者技术会议。 专利申请有专利法第二十四条第一项或者第二项**所列**情形的，申请人应当在提出专利申请时声明，并自申请日起**二**个月内，提交有关国际展览会或者学术会议、技术会议的组织单位出具的有关发明创造已经展出或者发表，以及展出或者发表日期的证明文件。 专利申请有专利法第二十四条第三项**所列**情形的，专利局**认为必**要时可以要求申请人提出证明文件。	全国性学术团体组织召开的学术会议或者技术会议。 **申请专利的发明创造**有专利法第二十四条第**（一）**项或者第**（二）**项所列情形的，申请人应当在提出专利申请时声明，并自申请日起**2**个月内，提交有关国际展览会或者学术会议、技术会议的组织单位出具的有关发明创造已经展出或者发表，以及展出或者发表日期的证明文件。 **申请专利的发明创造**有专利法第二十四条第**（三）**项所列情形的，**国务院专利行政部门**认为必要时，可以要求申请人**在指定期限内提交**证明文件。 **申请人未依照本条第**	**的在国际展览局注册或者由其认可的国际展览会。** 专利法第二十四条第（二）项所称学术会议或者技术会议，是指国务院有关主管部门或者全国性学术团体组织召开的学术会议或者技术会议。 申请专利的发明创造有专利法第二十四条第（一）项或者第（二）项所列情形的，申请人应当在提出专利申请时声明，并自申请日起2个月内提交有关国际展览会或者学术会议、技术会议的组织单位出具的有关发明创造已经展出或者发表，以及展出或者发表日期的证明文件。 申请专利的发明创造有专利法第二十四条第（三）项所列情形的，	的在国际展览局注册或者由其认可的国际展览会。 专利法第二十四条第**（三）**项所称学术会议或者技术会议，是指国务院有关主管部门或者全国性学术团体组织召开的学术会议或者技术会议，**以及国务院有关主管部门认可的由国际组织召开的学术会议或者技术会议**。 申请专利的发明创造有专利法第二十四条第**（二）**项或者第**（三）**项所列情形的，申请人应当在提出专利申请时声明，并自申请日起2个月内提交有关发明创造已经展出或者发表，以及展出或者发表日期的证明文件。 申请专利的发明创造有专利法第二十四条

		二款的规定提出声明和提交证明文件的，或者未依照本条第三款的规定在指定期限内提交证明文件的，其申请不适用专利法第二十四条的规定。	国务院专利行政部门认为必要时，可以要求申请人在指定期限内提交证明文件。 申请人未依照本条**第三款**的规定提出声明和提交证明文件的，或者未依照本条**第四款**的规定在指定期限内提交证明文件的，其申请不适用专利法第二十四条的规定。	第（一）**项或者第**（四）项所列情形的，国务院专利行政部门认为必要时，可以要求申请人在指定期限内提交证明文件。 申请人未依照本条第三款的规定提出声明和提交证明文件的，或者未依照本条第四款的规定在指定期限内提交证明文件的，其申请不适用专利法第二十四条的规定。
第三十二条 发明专利的申请人要求优先权的，应当自其在外国第一次提出申请之日起十五个月内提交受理该项申请的国家给予的申请号。	**第三十二条** **申请人依照专利法第三十条的规定办理要求优先权手续的，应当在书面声明中写明第一次提出的专利申请（以下称在先申请）的申请日、申请号和受理该申请的国家；书面声明中未写明在先申请的申请日和受理该申请的国家的，视为未提出声明。**	**第三十二条** 申请人依照专利法第三十条的规定办理要求优先权手续的，应当在书面声明中写明第一次提出专利申请（以下称在先申请）的申请日、申请号和受理该申请的国家；书面声明中未写明在先申请的申请日和受理该申请的国家的，视为未提出声明。	**第三十一条** 申请人依照专利法第三十条的规定要求外国优先权的，申请人提交的在先申请文件副本应当经原受理**机构**证明。**依照国务院专利行政部门与该受理机构签订的协议，国务院专利行政部门通过电子交换等途径获得在先申请文件副本的，视为申请人提交了**	**第三十四条** 申请人依照专利法第三十条的规定要求外国优先权的，申请人提交的在先申请文件副本应当经原受理机构证明。依照国务院专利行政部门与该受理机构签订的协议，国务院专利行政部门通过电子交换等途径获得在先申请文件副本的，视为申请人提交了

1985 年	1992 年	2001 年	2010 年	2023 年
	要求外国优先权的，申请人提交的在先申请文件副本应当经该国受理机关证明；要求本国优先权的，申请人提交的在先申请文件副本应当由专利局制作。	要求外国优先权的，申请人提交的在先申请文件副本应当经**原**受理机关证明；**提交的证明材料中，在先申请人的姓名或者名称与在后申请的申请人姓名或者名称不一致的，应当提交优先权转让证明材料；**要求本国优先权的，申请人提交的在先申请文件副本应当由**国务院专利行政部门**制作。	**经该受理机构证明的在先申请文件副本。要求本国优先权，申请人在请求书中写明在先申请的申请日和申请号的，视为提交了在先申请文件副本。** 要求优先权，**但请求书中漏写或者错写**在先申请的申请日、申请号和**原受理机构名称中的一项或者两项内容的，国务院专利行政部门应当通知申请人在指定期限内补正；期满未补正的，视为未要求优先权。** **要求优先权的申请人的姓名或者名称与在先申请文件副本中记载的申请人姓名或者名称**不一致的，应当提交优先权转让证明材料，未提交该证明材料的，视为未要求优先权。	经该受理机构证明的在先申请文件副本。要求本国优先权，申请人在请求书中写明在先申请的申请日和申请号的，视为提交了在先申请文件副本。 要求优先权，但请求书中漏写或者错写在先申请的申请日、申请号和原受理机构名称中的一项或者两项内容的，国务院专利行政部门应当通知申请人在指定期限内补正；期满未补正的，视为未要求优先权。 要求优先权的申请人的姓名或者名称与在先申请文件副本中记载的申请人姓名或者名称不一致的，应当提交优先权转让证明材料，未提交该证明材料的，视为未要求优先权。

			外观设计专利申请的申请人要求外国优先权，其在先申请未包括对外观设计的简要说明，申请人按照本细则第二十八条规定提交的简要说明未超出在先申请文件的图片或者照片表示的范围的，不影响其享有优先权。	外观设计专利申请人要求外国优先权，其在先申请未包括对外观设计的简要说明，申请人按照本细则第三十一条规定提交的简要说明未超出在先申请文件的图片或者照片表示的范围的，不影响其享有优先权。
第三十三条 申请人对一项专利申请要求两项以上优先权的，该申请的优先权期限从最早的优先权日起算。	**第三十三条** 申请人**在一件**专利申请中，**可以要求一项或者多项**优先权；**要求多项优先权的，**该申请的优先权期限从最早的优先权日起算。 **申请人要求本国优先权的，如果在先申请是发明专利申请，可以就相同主题提出发明或者实用新型专利申请；如果在先申请是实用新型专利申请，可以就相同**	**第三十三条** 申请人在一件专利申请中，可以要求一项或者多项优先权；要求多项优先权的，该申请的优先权期限从最早的优先权日起计算。 申请人要求本国优先权，在先申请是发明专利申请的，可以就相同主题提出发明或者实用新型专利申请；在先申请是实用新型专利申请的，可以就相同主题提	**第三十二条** 申请人在一件专利申请中，可以要求一项或者多项优先权；要求多项优先权的，该申请的优先权期限从最早的优先权日起计算。 申请人要求本国优先权，在先申请是发明专利申请的，可以就相同主题提出发明或者实用新型专利申请；在先申请是实用新型专利申请的，可以就相同主题提	**第三十五条** 申请人在一件专利申请中，可以要求一项或者多项优先权；要求多项优先权的，该申请的优先权期限从最早的优先权日起计算。 **发明或者实用新型专利**申请人要求本国优先权，在先申请是发明专利申请的，可以就相同主题提出发明或者实用新型专利申请；在先申请是实用新型专利申请

1985 年	1992 年	2001 年	2010 年	2023 年
	主题提出实用新型或者发明专利申请。但是，提出后一申请时，在先申请有下列情形之一的，不得作为要求本国优先权的基础： **（一）已经要求过外国或者本国优先权的；** **（二）已经被批准授予专利权的；** **（三）属于按照规定提出的分案申请的。** **申请人要求本国优先权时，其在先申请自后一申请提出之日起即被视为撤回。**	出实用新型或者发明专利申请。但是，提出后一申请时，在先申请**的主题**有下列情形之一的，不得作为要求本国优先权的基础： （一）已经要求外国**优先权**或者本国优先权的； （二）已经被授予专利权的； （三）属于按照规定提出的分案申请的。 申请人要求本国优先权的，其在先申请自后一申请提出之日起即视为撤回。	出实用新型或者发明专利申请。但是，提出后一申请时，在先申请的主题有下列情形之一的，不得作为要求本国优先权的基础： （一）已经要求外国优先权或者本国优先权的； （二）已经被授予专利权的； （三）属于按照规定提出的分案申请的。 申请人要求本国优先权的，其在先申请自后一申请提出之日起即视为撤回。	的，可以就相同主题提出实用新型或者发明专利申请。**外观设计专利申请人要求本国优先权，在先申请是发明或者实用新型专利申请的，可以就附图显示的设计提出相同主题的外观设计专利申请；在先申请是外观设计专利申请的，可以就相同主题提出外观设计专利申请。**但是，提出后一申请时，在先申请的主题有下列情形之一的，不得作为要求本国优先权的基础： （一）已经要求外国优先权或者本国优先权的； （二）已经被授予专利权的； （三）属于按照规定提出的分案申请的。 申请人要求本国优先权的，其在先申请自后

				一申请提出之日起即视为撤回，但外观设计专利申请人要求以发明或者实用新型专利申请作为本国优先权基础的除外。 第三十六条（新增） 申请人超出专利法第二十九条规定的期限，向国务院专利行政部门就相同主题提出发明或者实用新型专利申请，有正当理由的，可以在期限届满之日起2个月内请求恢复优先权。 第三十七条（新增） 发明或者实用新型专利申请人要求了优先权的，可以自优先权日起16个月内或者自申请日起4个月内，请求在请求书中增加或者改正优先权要求。

1985 年	1992 年	2001 年	2010 年	2023 年
第三十四条 在中国没有经常居所或者营业所的外国人、外国企业或者外国其他组织申请专利的，专利局认为有疑义时可以要求其提供下列文件： （一）国籍证明； （二）外国企业或者外国其他组织总部所在地的证明文件； （三）外国人、外国企业、外国其他组织的所属国，承认中国公民或者单位可以按照该国国民的同等条件，在该国享有专利权和其他与专利有关的权利的证明文件。	**第三十四条** 在中国没有经常居所或者营业所的**申请人**，申请专利**或者要求外国优先权的**，专利局认为**必要**时，可以要求其提供下列文件： （一）国籍证明； （二）**申请人是**企业或者其他组织**的，其营业所或者**总部所在地的证明文件； （三）外国人、外国企业、外国其他组织的所属国，承认中国公民和单位可以按照该国国民的同等条件，在该国享有专利权、**优先权**和其他与专利有关的权利的证明文件。	**第三十四条** 在中国没有经常居所或者营业所的申请人，申请专利或者要求外国优先权的，**国务院专利行政部门**认为必要时，可以要求其提供下列文件： （一）国籍证明； （二）申请人是企业或者其他组织的，其营业所或者总部所在地的证明文件； （三）**申请人**的所属国，承认中国**单位和个人**可以按照该国国民的同等条件，在该国享有专利权、优先权和其他与专利有关的权利的证明文件。	**第三十三条** 在中国没有经常居所或者营业所的申请人，申请专利或者要求外国优先权的，国务院专利行政部门认为必要时，可以要求其提供下列文件： （一）**申请人是个人的，其**国籍证明； （二）申请人是企业或者其他组织的，其**注册的国家或者地区**的证明文件； （三）申请人的所属国，承认中国单位和个人可以按照该国国民的同等条件，在该国享有专利权、优先权和其他与专利有关的权利的证明文件。	**第三十八条** 在中国没有经常居所或者营业所的申请人，申请专利或者要求外国优先权的，国务院专利行政部门认为必要时，可以要求其提供下列文件： （一）申请人是个人的，其国籍证明； （二）申请人是企业或者其他组织的，其注册的国家或者地区的证明文件； （三）申请人的所属国，承认中国单位和个人可以按照该国国民的同等条件，在该国享有专利权、优先权和其他与专利有关的权利的证明文件。
第三十五条 根据专利法第三十一条第一款的规定，发明	**第三十五条** **依照**专利法第三十一条第一款规定，**可以作**	**第三十五条** 依照专利法第三十一条第一款规定，可以作	**第三十四条** 依照专利法第三十一条第一款规定，可以作	**第三十九条** 依照专利法第三十一条第一款规定，可以作

或者实用新型专利申请的权利要求可以是下列各项之一： （一）两项以上不能包括在一个权利要求以内的同类产品、方法的独立权利要求； （二）产品和专用于制造该产品的方法的独立权利要求； （三）产品和该产品的用途的独立权利要求； （四）产品、专用于制造该产品的方法和该产品的用途的独立权利要求； （五）产品、专用于制造该产品的方法和该方法专用设备的独立权利要求； （六）方法和为使用该方法而专门设计的专用设备的独立权利要求； （七）方法和直接使用该方法制造的产品的独立权利要求。	**为一件专利申请提出的属于一个总的发明构思的两项以上的**发明或者实用新型，**应当在技术上相互关联，包含一个或者多个相同或者相应的特定技术特征，其中特定技术特征是指每一项发明或者实用新型作为整体考虑，对现有技术作出贡献的技术特征。** **符合前款规定的两项以上**发明专利申请的权利要求，可以是下列各项之一： （一）**不能包括在一项**权利要求内的**两项以上**产品**或者**方法**的同类**独立权利要求； （二）产品和专用于制造该产品的方法的独立权利要求； （三）产品和该产品的用途的独立权利要求； （四）产品、专用于	为一件专利申请提出的属于一个总的发明构思的两项以上的发明或者实用新型，应当在技术上相互关联，包含一个或者多个相同或者相应的特定技术特征，其中特定技术特征是指每一项发明或者实用新型作为整体，对现有技术作出贡献的技术特征。	为一件专利申请提出的属于一个总的发明构思的两项以上的发明或者实用新型，应当在技术上相互关联，包含一个或者多个相同或者相应的特定技术特征，其中特定技术特征是指每一项发明或者实用新型作为整体，对现有技术作出贡献的技术特征。	为一件专利申请提出的属于一个总的发明构思的两项以上的发明或者实用新型，应当在技术上相互关联，包含一个或者多个相同或者相应的特定技术特征，其中特定技术特征是指每一项发明或者实用新型作为整体，对现有技术作出贡献的技术特征。

1985 年	1992 年	2001 年	2010 年	2023 年
	制造该产品的方法和该产品的用途的独立权利要求； **（五）产品、专用于制造该产品的方法和为实施**该方法**而专门设计**的设备的独立权利要求； （六）方法和**为实施**该方法而专门设计的设备的独立权利要求。 **符合本条第一款规定的两项以上实用新型专利申请的权利要求，可以是不能包括在一项权利要求内的两项以上产品的独立权利要求。**			
第三十六条 依照专利法第三十一条第二款规定将两项以上外观设计作为一件申请提出的，应当将各件外观设计顺序编号，并且在请求书中写明使用	第三十六条 **专利法第三十一条第二款所称同一类别，是指产品属于分类表中同一个小类；成套出售或者使用，是指各产品的设计构思相同，并且习**	第三十六条 专利法第三十一条第二款所称同一类别，是指产品属于分类表中同一小类；成套出售或者使用，是指各产品的设计构思相同，并且习惯	第三十五条 **依照专利法第三十一条第二款规定，将同一产品的多项相似外观设计作为一件申请提出的，对该产品的其他设计应当与简要说明中指定**	第四十条 依照专利法第三十一条第二款规定，将同一产品的多项相似外观设计作为一件申请提出的，对该产品的其他设计应当与简要说明中指定

<table>
<tr>
<td>每件外观设计的产品。外观设计的顺序编号应当标在每件使用外观设计产品的图片背面的左下方。</td>
<td>**惯上是同时出售、同时使用。**
依照专利法第三十一条第二款规定将两项以上外观设计作为一件申请提出的，应当将各件外观设计顺序编号标在每件使用外观设计产品的**视图名称的前面。**</td>
<td>上是同时出售、同时使用。
依照专利法第三十一条第二款规定将两项以上外观设计作为一件申请提出的，应当将各**项**外观设计顺序编号标在每件使用外观设计产品的视图名称**之前**。</td>
<td>**的基本设计相似。一件外观设计专利申请中的相似外观设计不得超过 10 项。**
专利法第三十一条第二款所称同一类别**并且成套出售或者使用的产品的两项以上外观设计，**是指**各**产品属于分类表中同一**大**类，习惯上同时出售**或者**同时使用，**而且各产品的外观设计具有相同的设计构思。**
将两项以上外观设计作为一件申请提出的，应当将各项外观设计**的**顺序编号**标注**在每件外观设计产品**各幅图片或者照片的**名称之前。</td>
<td>的基本设计相似。一件外观设计专利申请中的相似外观设计不得超过 10 项。
专利法第三十一条第二款所称同一类别并且成套出售或者使用的产品的两项以上外观设计，是指各产品属于分类表中同一大类，习惯上同时出售或者同时使用，而且各产品的外观设计具有相同的设计构思。
将两项以上外观设计作为一件申请提出的，应当将各项外观设计的顺序编号标注在每件外观设计产品各幅图片或者照片的名称之前。</td>
</tr>
<tr>
<td>**第三十七条**
申请人撤回专利申请的，应当向专利局提出声明，写明发明创造的名称、申请号和申请日。</td>
<td>**第三十七条**
申请人撤回专利申请的，应当向专利局提出声明，写明发明创造的名称、申请号和申请日。</td>
<td>**第三十七条**
申请人撤回专利申请的，应当向**国务院专利行政部门**提出声明，写明发明创造的名称、申请号和申请日。</td>
<td>**第三十六条**
申请人撤回专利申请的，应当向国务院专利行政部门提出声明，写明发明创造的名称、申请号和申请日。</td>
<td>**第四十一条**
申请人撤回专利申请的，应当向国务院专利行政部门提出声明，写明发明创造的名称、申请号和申请日。</td>
</tr>
</table>

1985 年	1992 年	2001 年	2010 年	2023 年
撤回专利申请的声明是在专利局作好公布专利申请文件的印刷准备工作之后提出的，申请文件仍予公布。	撤回专利申请的声明是在专利局作好公布专利申请文件的印刷准备工作后提出的，申请文件仍予公布。	撤回专利申请的声明在**国务院专利行政部**门作好公布专利申请文件的印刷准备工作后提出的，申请文件仍予公布；**但是，撤回专利申请的声明应当在以后出版的专利公报上予以公告。**	撤回专利申请的声明在国务院专利行政部门作好公布专利申请文件的印刷准备工作后提出的，申请文件仍予公布；但是，撤回专利申请的声明应当在以后出版的专利公报上予以公告。	撤回专利申请的声明在国务院专利行政部门**做**好公布专利申请文件的印刷准备工作后提出的，申请文件仍予公布；但是，撤回专利申请的声明应当在以后出版的专利公报上予以公告。
第三章　专利申请的审查和批准	**第三章　专利申请的审查和批准**	**第三章　专利申请的审查和批准**	**第三章　专利申请的审查和批准**	**第三章　专利申请的审查和批准**
第三十八条 对专利申请进行审查、复审的审查员或者专利复审委员会委员有下列情形之一的，应当自行回避，申请人或者其他利害关系人也可以要求其回避： （一）是申请人或者专利代理人的近亲属的； （二）与专利申请有利害关系的；	**第三十八条** **在初步审查、实质审查、复审、撤销和无效宣告程序中**进行审查**和审理的人员**有下列情形之一的，应当自行回避，**当事**人或者其他利害关系人可以要求其回避： （一）是**当事**人或者**其**代理人的近亲属的； （二）与专利申请**或者专利权**有利害关系的；	**第三十八条** 在初步审查、实质审查、复审和无效宣告程序中，**实施**审查和审理的人员有下列情形之一的，应当自行回避，当事人或者其他利害关系人可以要求其回避： （一）是当事人或者其代理人的近亲属的； （二）与专利申请或者专利权有利害关系的；	**第三十七条** 在初步审查、实质审查、复审和无效宣告程序中，实施审查和审理的人员有下列情形之一的，应当自行回避，当事人或者其他利害关系人可以要求其回避： （一）是当事人或者其代理人的近亲属的； （二）与专利申请或者专利权有利害关系的；	**第四十二条** 在初步审查、实质审查、复审和无效宣告程序中，实施审查和审理的人员有下列情形之一的，应当自行回避，当事人或者其他利害关系人可以要求其回避： （一）是当事人或者其代理人的近亲属的； （二）与专利申请或者专利权有利害关系的；

（三）与申请人或者专利代理人有其他关系，可能影响对专利申请的公正审查的。 专利复审委员会委员曾参与原申请的审查的，适用前款的规定。	（三）与当事人或者其代理人有其他关系，可能影响公正审查**和审理**的。 专利复审委员会成员曾参与原申请的审查的，适用前款的规定。 **审查和审理人员的回避，由专利局决定。**	**（三）与当事人或者其代理人有其他关系，可能影响公正审查和审理的；** **（四）专利复审委员会成员曾参与原申请的审查的。**	（三）与当事人或者其代理人有其他关系，可能影响公正审查和审理的； （四）专利复审委员会成员曾参与原申请的审查的。	（三）与当事人或者其代理人有其他关系，可能影响公正审查和审理的； （四）**复审或者无效宣告程序中**，曾参与原申请的审查的。
第三十九条 专利局收到发明或者实用新型专利申请的请求书、说明书（实用新型必须包括附图）和权利要求书，或者外观设计专利申请的请求书和外观设计的图片或者照片后，应当明确申请日、给予申请号，并且通知申请人。	**第三十九条** 专利局收到发明或者实用新型专利申请的请求书、说明书（实用新型必须包括附图）和权利要求书，或者外观设计专利申请的请求书和外观设计的图片或者照片后，应当明确申请日、给予申请号，并且通知申请人。	**第三十九条** **国务院专利行政部门**收到发明或者实用新型专利申请的请求书、说明书（实用新型必须包括附图）和权利要求书，或者外观设计专利申请的请求书和外观设计的图片或者照片后，应当明确申请日、给予申请号，并通知申请人。	**第三十八条** 国务院专利行政部门收到发明或者实用新型专利申请的请求书、说明书（实用新型必须包括附图）和权利要求书，或者外观设计专利申请的请求书、外观设计的图片或者照片**和简要说明**后，应当明确申请日、给予申请号，并通知申请人。	**第四十三条** 国务院专利行政部门收到发明或者实用新型专利申请的请求书、说明书（实用新型必须包括附图）和权利要求书，或者外观设计专利申请的请求书、外观设计的图片或者照片和简要说明后，应当明确申请日、给予申请号，并通知申请人。
第四十条 专利申请文件中缺少	**第四十条** 专利申请文件**有下列**	**第四十条** 专利申请文件有下列	**第三十九条** 专利申请文件有下列	**第四十四条** 专利申请文件有下列

1985年	1992年	2001年	2010年	2023年
请求书、说明书或者权利要求书，或者不符合专利法第二十七条规定的，专利局不予受理，并且通知申请人。	**情形之一的**，专利局不予受理，并且通知申请人： **（一）发明或者实用新型**专利申请缺少请求书、说明书**（实用新型无附图）**和权利要求书**的，或者外观设计专利申请缺少请求书、图片或者照片的；** **（二）未使用中文的；** **（三）不符合本细则第九十四条第一款规定的；** **（四）请求书中缺少申请人姓名或者名称及地址的；** **（五）明显不符合专利法第十八条或者第十九条第一款的规定的；** **（六）专利申请类别（发明、实用新型或者外观设计）不明确或者无法确定的。**	情形之一的，**国务院专利行政部门**不予受理，并通知申请人： （一）发明或者实用新型专利申请缺少请求书、说明书（实用新型无附图）和权利要求书的，或者外观设计专利申请缺少请求书、图片或者照片的； （二）未使用中文的； （三）不符合本细则第**一百二十**条第一款规定的； （四）请求书中缺少申请人姓名或者名称及地址的； （五）明显不符合专利法第十八条或者第十九条第一款的规定的； （六）专利申请类别（发明、实用新型或者外观设计）不明确或者**难以**确定的。	情形之一的，国务院专利行政部门不予受理，并通知申请人： （一）发明或者实用新型专利申请缺少请求书、说明书（实用新型无附图）**或者**权利要求书的，或者外观设计专利申请缺少请求书、图片或者照片、**简要说明**的； （二）未使用中文的； （三）不符合本细则**第一百二十一条**第一款规定的； （四）请求书中缺少申请人姓名或者名称，**或者缺少**地址的； （五）明显不符合专利法第十八条或者第十九条第一款的规定的； （六）专利申请类别（发明、实用新型或者外观设计）不明确或者难以确定的。	情形之一的，国务院专利行政部门不予受理，并通知申请人： （一）发明或者实用新型专利申请缺少请求书、说明书（实用新型无附图）或者权利要求书的，或者外观设计专利申请缺少请求书、图片或者照片、简要说明的； （二）未使用中文的； （三）**申请文件的格式**不符合规定的； （四）请求书中缺少申请人姓名或者名称，或者缺少地址的； （五）明显不符合专利法第**十七**条或者第十八条第一款的规定的； （六）专利申请类别（发明、实用新型或者外观设计）不明确或者难以确定的。

				第四十五条（新增） **发明或者实用新型专利申请缺少或者错误提交权利要求书、说明书或者权利要求书、说明书的部分内容，但申请人在递交日要求了优先权的，可以自递交日起2个月内或者在国务院专利行政部门指定的期限内以援引在先申请文件的方式补交。补交的文件符合有关规定的，以首次提交文件的递交日为申请日。**
第四十一条 在发明说明书中写有“对附图的说明”而无附图的，申请人应当在专利局指定的期限内补交附图或者声明取消“对附图的说明”。申请人补交附图的，以向专利局提交或者邮寄附图之	**第四十一条** 说明书中写有对附图的说明**但无附图或者缺少部分附图的**，申请人应当在专利局指定的期限内补交附图或者声明取消对附图的说明。申请人补交附图的，以向专利局提交或者邮寄附	**第四十一条** 说明书中写有对附图的说明但无附图或者缺少部分附图的，申请人应当在**国务院专利行政部门**指定的期限内补交附图或者声明取消对附图的说明。申请人补交附图的，以**向国务院专**	**第四十条** 说明书中写有对附图的说明但无附图或者缺少部分附图的，申请人应当在国务院专利行政部门指定的期限内补交附图或者声明取消对附图的说明。申请人补交附图的，以向国务院专	**第四十六条** 说明书中写有对附图的说明但无附图或者缺少部分附图的，申请人应当在国务院专利行政部门指定的期限内补交附图或者声明取消对附图的说明。申请人补交附图的，以向国务院专

1985 年	1992 年	2001 年	2010 年	2023 年
日为申请日；取消“对附图的说明”的，保留原申请日。	图之日为申请日；取消对附图的说明的，保留原申请日。	**利行政部门**提交或者邮寄附图之日为申请日；取消对附图的说明的，保留原申请日。	利行政部门提交或者邮寄附图之日为申请日；取消对附图的说明的，保留原申请日。 **第四十一条** 两个以上的申请人同日（**指申请日；有优先权的，指优先权日**）分别就同样的发明创造申请专利的，应当在收到国务院专利行政部门的通知后自行协商确定申请人。 **同一申请人在同日（指申请日）对同样的发明创造既申请实用新型专利又申请发明专利的，应当在申请时分别说明对同样的发明创造已申请了另一专利；未作说明的，依照专利法第九条第一款关于同样的发明创造只能授予一项专利权的规定处理。**	利行政部门提交或者邮寄附图之日为申请日；取消对附图的说明的，保留原申请日。 **第四十七条** 两个以上的申请人同日（指申请日；有优先权的，指优先权日）分别就同样的发明创造申请专利的，应当在收到国务院专利行政部门的通知后自行协商确定申请人。 同一申请人在同日（指申请日）对同样的发明创造既申请实用新型专利又申请发明专利的，应当在申请时分别说明对同样的发明创造已申请了另一专利；未作说明的，依照专利法第九条第一款关于同样的发明创造只能授予一项专利权的规定处理。

			国务院专利行政部门公告授予实用新型专利权，应当公告申请人已依照本条第二款的规定同时申请了发明专利的说明。 **发明专利申请经审查没有发现驳回理由，国务院专利行政部门应当通知申请人在规定期限内声明放弃实用新型专利权。申请人声明放弃的，国务院专利行政部门应当作出授予发明专利权的决定，并在公告授予发明专利权时一并公告申请人放弃实用新型专利权声明。申请人不同意放弃的，国务院专利行政部门应当驳回该发明专利申请；申请人期满未答复的，视为撤回该发明专利申请。** **实用新型专利权自公告授予发明专利权之日起终止。**	国务院专利行政部门公告授予实用新型专利权，应当公告申请人已依照本条第二款的规定同时申请了发明专利的说明。 发明专利申请经审查没有发现驳回理由，国务院专利行政部门应当通知申请人在规定期限内声明放弃实用新型专利权。申请人声明放弃的，国务院专利行政部门应当作出授予发明专利权的决定，并在公告授予发明专利权时一并公告申请人放弃实用新型专利权声明。申请人不同意放弃的，国务院专利行政部门应当驳回该发明专利申请；申请人期满未答复的，视为撤回该发明专利申请。 实用新型专利权自公告授予发明专利权之日起终止。

1985 年	1992 年	2001 年	2010 年	2023 年
第四十二条 一件专利申请包括两项以上发明、实用新型或者外观设计的，申请人可以在依照专利法第三十九条或者第四十条规定的公告前的任何时候，或者在公告后，专利局认为有提出分案申请的正当理由的时候，向专利局提出分案的请求，自行将其申请分为几个申请。 专利局认为专利申请不符合专利法第三十一条和本细则第三十五条规定的，应当通知申请人在指定的期限内将其专利申请分案；申请人无正当理由期满不答复的，该申请被视为撤回。	**第四十二条** 一件专利申请包括两项以上发明、实用新型或者外观设计的，申请人可以在**专利局发出授予专利权的通知**前，向专利局提出分案申请。 专利局认为一件专利申请不符合专利法第三十一条和本细则第三十五条规定的，应当通知申请人在指定期限内**对其申请进行修改**；申请人期满**未**答复的，该申请被视为撤回。 **分案的申请不得改变原申请的类别。**	**第四十二条** 一件专利申请包括两项以上发明、实用新型或者外观设计的，申请人可以在**本细则第五十四条第一款规定的期限届满**前，向**国务院专利行政部门**提出分案申请；**但是，专利申请已经被驳回、撤回或者视为撤回的，不能提出分案申请。** **国务院专利行政部**门认为一件专利申请不符合专利法第三十一条和本细则第三十五条**或者第三十六条**的规定的，应当通知申请人在指定期限内对其申请进行修改；申请人期满未答复的，该申请视为撤回。 分案的申请不得改变原申请的类别。	**第四十二条** 一件专利申请包括两项以上发明、实用新型或者外观设计的，申请人可以在本细则第五十四条第一款规定的期限届满前，向国务院专利行政部门提出分案申请；但是，专利申请已经被驳回、撤回或者视为撤回的，不能提出分案申请。 国务院专利行政部门认为一件专利申请不符合专利法第三十一条和本细则第三十四条或者第三十五条的规定的，应当通知申请人在指定期限内对其申请进行修改；申请人期满未答复的，该申请视为撤回。 分案的申请不得改变原申请的类别。	**第四十八条** 一件专利申请包括两项以上发明、实用新型或者外观设计的，申请人可以在本细则第**六十**条第一款规定的期限届满前，向国务院专利行政部门提出分案申请；但是，专利申请已经被驳回、撤回或者视为撤回的，不能提出分案申请。 国务院专利行政部门认为一件专利申请不符合专利法第三十一条和本细则第**三十九**条或者第**四十**条的规定的，应当通知申请人在指定期限内对其申请进行修改；申请人期满未答复的，该申请视为撤回。 分案的申请不得改变原申请的类别。

<table>
<tr>
<td>第四十三条
依照本细则第四十二条规定提出的分案申请，可以保留原申请日，但不得超出原说明书记载的范围。</td>
<td>第四十三条
依照本细则第四十二条规定提出的分案申请，可以保留原申请日，享有优先权的，可以保留优先权日，但是不得超出原申请公开的范围。
分案申请应当依照专利法及本细则的规定办理各种手续。
分案申请的请求书中应当写明原申请的申请号和申请日。提交分案申请时，申请人应当提交原申请文件副本；原申请享有优先权的，并应当提交原申请的优先权文件副本。</td>
<td>第四十三条
依照本细则第四十二条规定提出的分案申请，可以保留原申请日，享有优先权的，可以保留优先权日，但是不得超出原申请公开的范围。
分案申请应当依照专利法及本细则的规定办理有关手续。
分案申请的请求书中应当写明原申请的申请号和申请日。提交分案申请时，申请人应当提交原申请文件副本；原申请享有优先权的，并应当提交原申请的优先权文件副本。</td>
<td>第四十三条
依照本细则第四十二条规定提出的分案申请，可以保留原申请日，享有优先权的，可以保留优先权日，但是不得超出原申请记载的范围。
分案申请应当依照专利法及本细则的规定办理有关手续。
分案申请的请求书中应当写明原申请的申请号和申请日。提交分案申请时，申请人应当提交原申请文件副本；原申请享有优先权的，并应当提交原申请的优先权文件副本。</td>
<td>第四十九条
依照本细则第四十八条规定提出的分案申请，可以保留原申请日，享有优先权的，可以保留优先权日，但是不得超出原申请记载的范围。
分案申请应当依照专利法及本细则的规定办理有关手续。
分案申请的请求书中应当写明原申请的申请号和申请日。</td>
</tr>
<tr>
<td>第四十四条
经初步审查，专利局认为专利申请明显属于专利法第五条或者第二十五条规定，或者明显不符合专利法第十八条、</td>
<td>第四十四条
专利法第三十四条和第四十条所称初步审查，是指审查专利申请是否具备专利法第二十六条或者第二十七条规定</td>
<td>第四十四条
专利法第三十四条和第四十条所称初步审查，是指审查专利申请是否具备专利法第二十六条或者第二十七条规定</td>
<td>第四十四条
专利法第三十四条和第四十条所称初步审查，是指审查专利申请是否具备专利法第二十六条或者第二十七条规定</td>
<td>第五十条
专利法第三十四条和第四十条所称初步审查，是指审查专利申请是否具备专利法第二十六条或者第二十七条规定</td>
</tr>
</table>

1985 年	1992 年	2001 年	2010 年	2023 年
第十九条或者本细则第二条规定的，应当通知申请人，要求其在指定期限内陈述意见；申请人无正当理由期满不答复的，其申请被视为撤回。 专利申请经申请人陈述意见后，专利局仍然认为明显不符合前款所列各条规定的，应当予以驳回。	**的文件和其他必要的文件，这些文件是否符合规定的格式；并包括审查下列各项：** **（一）发明**专利申请**是否**明显属于专利法第五条、第二十五条的规定**的**，或者不符合专利法第十八条、第十九条**第一款的规定的，或者明显不符合专利法第三十一条第一款、第三十三条或者**本细则第二条**第一款的规定的；** **（二）实用新型专利申请是否明显属于专利法第五条、第二十五条的规定的，或者不符合专利法第十八条、第十九条第一款的规定的，或者明显不符合专利法第三十一条第一款、第三十三条**、本细则第二**条第二款、第十二条第一**	的文件和其他必要的文件，这些文件是否符合规定的格式，并审查下列各项： （一）发明专利申请是否明显属于专利法第五条、第二十五条的规定，或者不符合专利法第十八条、第十九条第一款的规定，或者明显不符合专利法第三十一条第一款、第三十三条、本细则第二条第一款、**第十八条、第二十条**的规定； （二）实用新型专利申请是否明显属于专利法第五条、第二十五条的规定，或者不符合专利法第十八条、第十九条第一款的规定，或者明显不符合专利法**第二十六条第三款、第四款**、第三十一条第一款、第三	的文件和其他必要的文件，这些文件是否符合规定的格式，并审查下列各项： （一）发明专利申请是否明显属于专利法第五条、第二十五条规定**的情形，是否**不符合专利法第十八条、第十九条第一款、**第二十条第一款或者本细则第十六条、第二十六条第二款**的规定，是否明显不符合专利法**第二条第二款、第二十六条第五款**、第三十一条第一款、第三十三条**或者**本细则第十七条**至第二十一条**的规定； （二）实用新型专利申请是否明显属于专利法第五条、第二十五条规定**的情形，是否**不符合专利法第十八条、第十	的文件和其他必要的文件，这些文件是否符合规定的格式，并审查下列各项： （一）发明专利申请是否明显属于专利法第五条、第二十五条规定的情形，是否不符合专利法第**十七**条、第**十八**条第一款、第**十九**条第一款或者本细则第**十一**条、第**十九**条、第**二十九**条第二款的规定，是否明显不符合专利法第二条第二款、第二十六条第五款、第三十一条第一款、第三十三条或者本细则第**二十**条至第**二十四**条的规定； （二）实用新型专利申请是否明显属于专利法第五条、第二十五条规定的情形，是否不符合专利法第**十七**条、第十

	款、第十八条至第二十三条的规定的，或者依照专利法第九条规定不能取得专利权的； （三）外观设计专利申请是否明显属于专利法第五条规定的，或者不符合专利法第十八条、第十九条第一款的规定的，或者明显不符合专利法第三十一条第二款、第三十三条、本细则第二条第三款、第十二条第一款的规定的，或者依照专利法第九条规定不能取得专利权的。 专利局应当将审查意见通知申请人，要求其在指定期限内陈述意见或者补正；申请人期满未答复的，其申请被视为撤回。申请人陈述意见或者补正后，专利局仍然认为不符合前款所列各项规定的，应当予以驳回。	十三条、本细则第二条第二款、第十三条第一款、第十八条至第二十三条、第四十三条第一款的规定，或者依照专利法第九条规定不能取得专利权； （三）外观设计专利申请是否明显属于专利法第五条的规定，或者不符合专利法第十八条、第十九条第一款的规定，或者明显不符合专利法第三十一条第二款、第三十三条、本细则第二条第三款、第十三条第一款、第四十三条第一款的规定，或者依照专利法第九条规定不能取得专利权。 国务院专利行政部门应当将审查意见通知申请人，要求其在指定期限内陈述意见或者补正；申请人期满未答复的，	九条第一款、第二十条第一款或者本细则第十六条至第十九条、第二十一条至第二十三条的规定，是否明显不符合专利法第二条第三款、第二十二条第二款、第四款、第二十六条第三款、第四款、第三十一条第一款、第三十三条或者本细则第二十条、第四十三条第一款的规定，是否依照专利法第九条规定不能取得专利权； （三）外观设计专利申请是否明显属于专利法第五条、第二十五条第一款第（六）项规定的情形，是否不符合专利法第十八条、第十九条第一款或者本细则第十六条、第二十七条、第二十八条的规定，是否明显不符合专利法第二条第四款、第二十三条	八条第一款、第十九条第一款或者本细则第十一条、第十九条至第二十二条、第二十四条至第二十六条的规定，是否明显不符合专利法第二条第三款、第二十二条、第二十六条第三款、第二十六条第四款、第三十一条第一款、第三十三条或者本细则第二十三条、第四十九条第一款的规定，是否依照专利法第九条规定不能取得专利权； （三）外观设计专利申请是否明显属于专利法第五条、第二十五条第一款第（六）项规定的情形，是否不符合专利法第十七条、第十八条第一款或者本细则第十一条、第十九条、第三十条、第三十一条的规定，是否明显不符合专

1985 年	1992 年	2001 年	2010 年	2023 年
		其申请视为撤回。申请人陈述意见或者补正后，**国务院专利行政部门**仍然认为不符合前款所列各项规定的，应当予以驳回。	**第一款、第二十七条第二款**、第三十一条第二款、第三十三条**或者**本细则第四十三条第一款的规定，**是否**依照专利法第九条规定不能取得专利权； **（四）申请文件是否符合本细则第二条、第三条第一款的规定。** 国务院专利行政部门应当将审查意见通知申请人，要求其在指定期限内陈述意见或者补正；申请人期满未答复的，其申请视为撤回。申请人陈述意见或者补正后，国务院专利行政部门仍然认为不符合前款所列各项规定的，应当予以驳回。	利法第二条第四款、第二十三条第一款、**第二十三条第二款**、第二十七条第二款、第三十一条第二款、第三十三条或者本细则第**四十九**条第一款的规定，是否依照专利法第九条规定不能取得专利权； （四）申请文件是否符合本细则第二条、第三条第一款的规定。 国务院专利行政部门应当将审查意见通知申请人，要求其在指定期限内陈述意见或者补正；申请人期满未答复的，其申请视为撤回。申请人陈述意见或者补正后，国务院专利行政部门仍然认为不符合前款所列各项规定的，应当予以驳回。

第四十五条	第四十五条	第四十五条	第四十五条	第五十一条
专利申请有下列情形之一的，申请人应当在专利局指定的期限内补正： （一）请求书未使用规定的格式或者填写不符合要求的； （二）发明或者实用新型说明书及其附图以及权利要求书不符合规定的； （三）发明或者实用新型专利申请缺少摘要的； （四）外观设计专利申请的图片或者照片不符合规定的； （五）委托专利代理机构而未提交委托书的； （六）其他应当予以补正的事项。 申请人无正当理由期满不补正的，其申请被视为撤回。专利申请经补正后，仍然不符合专	**除专利申请文件外，申请人向专利局提交的与专利申请有关的其他文件，有下列情形之一的，被视为未提出：** （一）未使用规定的格式或者填写不符合**规定的**； （二）**未按照规定提交证明材料的。** **专利局应当将视为未提出的审查意见通知申请人。**	除专利申请文件外，申请人向**国务院专利行政部门**提交的与专利申请有关的其他文件，有下列情形之一的，视为未提交： （一）未使用规定的格式或者填写不符合规定的； （二）未按照规定提交证明材料的。 **国务院专利行政部门**应当将视为未提**交**的审查意见通知申请人。	除专利申请文件外，申请人向国务院专利行政部门提交的与专利申请有关的其他文件有下列情形之一的，视为未提交： （一）未使用规定的格式或者填写不符合规定的； （二）未按照规定提交证明材料的。 国务院专利行政部门应当将视为未提交的审查意见通知申请人。	除专利申请文件外，申请人向国务院专利行政部门提交的与专利申请有关的其他文件有下列情形之一的，视为未提交： （一）未使用规定的格式或者填写不符合规定的； （二）未按照规定提交证明材料的。 国务院专利行政部门应当将视为未提交的审查意见通知申请人。

1985 年	1992 年	2001 年	2010 年	2023 年
利法或者本细则有关规定的，应当予以驳回。				
第四十六条 申请人请求早日公布其发明专利申请的，应当向专利局声明。专利局对该申请进行初步审查后，除予以驳回的以外，应当立即将申请予以公布。	**第四十六条** 申请人请求早日公布其发明专利申请的，应当向专利局声明。专利局对该申请进行初步审查后，除予以驳回的外，应当立即将申请予以公布。	**第四十六条** 申请人请求早日公布其发明专利申请的，应当向**国务院专利行政部门**声明。**国务院专利行政部门**对该申请进行初步审查后，除予以驳回的外，应当立即将申请予以公布。	**第四十六条** 申请人请求早日公布其发明专利申请的，应当向国务院专利行政部门声明。国务院专利行政部门对该申请进行初步审查后，除予以驳回的外，应当立即将申请予以公布。	**第五十二条** 申请人请求早日公布其发明专利申请的，应当向国务院专利行政部门声明。国务院专利行政部门对该申请进行初步审查后，除予以驳回的外，应当立即将申请予以公布。
第四十七条 申请人依照专利法第二十七条规定写明使用外观设计的产品及其所属类别时，应当使用专利局公布的外观设计产品分类表。未写明使用外观设计的产品所属类别或者所写的类别不确切的，专利局可以予以补充或者修改。	**第四十七条** 申请人依照专利法第二十七条规定写明使用外观设计的产品及其所属类别时，应当使用专利局公布的外观设计产品分类表。未写明使用外观设计的产品所属类别或者所写的类别不确切的，专利局可以予以补充或者修改。	**第四十七条** 申请人依照专利法第二十七条的规定写明使用外观设计的产品及其所属类别时，应当使用**国务院专利行政部门**公布的外观设计产品分类表。未写明使用外观设计的产品所属类别或者所写的类别不确切的，**国务院专利行政部门**可以予以补充或者修改。	**第四十七条** 申请人写明使用外观设计的产品及其所属类别**的**，应当使用国务院专利行政部门公布的外观设计产品分类表。未写明使用外观设计的产品所属类别或者所写的类别不确切的，国务院专利行政部门可以予以补充或者修改。	**第五十三条** 申请人写明使用外观设计的产品及其所属类别的，应当使用国务院专利行政部门公布的外观设计产品分类表。未写明使用外观设计的产品所属类别或者所写的类别不确切的，国务院专利行政部门可以予以补充或者修改。

第四十八条 自发明专利申请公布之日起至审定公告前，任何人均可以对不符合专利法规定的申请向专利局提出意见，并且说明理由。	**第四十八条** 自发明专利申请公布之日起至公告**授予专利权之日**前，任何人均可以对不符合专利法规定的**专利**申请向专利局提出意见，并说明理由。	**第四十八条** 自发明专利申请公布之日起至公告授予专利权之日前，任何人均可以对不符合专利法规定的专利申请向**国务院专利行政部门**提出意见，并说明理由。	**第四十八条** 自发明专利申请公布之日起至公告授予专利权之日**止**，任何人均可以对不符合专利法规定的专利申请向国务院专利行政部门提出意见，并说明理由。	**第五十四条** 自发明专利申请公布之日起至公告授予专利权之日止，任何人均可以对不符合专利法规定的专利申请向国务院专利行政部门提出意见，并说明理由。
第四十九条 发明专利申请人因有正当理由无法提交专利法第三十六条规定的检索资料或者审查结果资料的，应当向专利局声明，并且在得到该项资料后补交。	**第四十九条** 发明专利申请人因有正当理由无法提交专利法第三十六条规定的检索资料或者审查结果资料的，应当向专利局声明，并在得到该项资料后补交。	**第四十九条** 发明专利申请人因有正当理由无法提交专利法第三十六条规定的检索资料或者审查结果资料的，应当向**国务院专利行政部门**声明，并在得到有关资料后补交。	**第四十九条** 发明专利申请人因有正当理由无法提交专利法第三十六条规定的检索资料或者审查结果资料的，应当向国务院专利行政部门声明，并在得到有关资料后补交。	**第五十五条** 发明专利申请人因有正当理由无法提交专利法第三十六条规定的检索资料或者审查结果资料的，应当向国务院专利行政部门声明，并在得到有关资料后补交。
第五十条 专利局依照专利法第三十五条第二款规定对专利申请自行进行审查时，应当通知申请人。	**第五十条** 专利局依照专利法第三十五条第二款规定对专利申请自行进行审查时，应当通知申请人。	**第五十条** **国务院专利行政部门**依照专利法第三十五条第二款**的**规定对专利申请自行进行审查时，应当通知申请人。	**第五十条** 国务院专利行政部门依照专利法第三十五条第二款的规定对专利申请自行进行审查时，应当通知申请人。	**第五十六条** 国务院专利行政部门依照专利法第三十五条第二款的规定对专利申请自行进行审查时，应当通知申请人。 **申请人可以对专利申请提出延迟审查请求。**

1985 年	1992 年	2001 年	2010 年	2023 年
第五十一条 发明专利申请人在自申请日起十五个月内，在提出实质审查请求或者在对异议提出答复时，可以对发明专利申请的说明书或者权利要求书主动提出修改。 发明或者实用新型专利申请的说明书或者权利要求书的修改部分，除个别文字修改或者增删外，应当按照规定格式提交替换页。	**第五十一条** 发明专利申请人在提出实质审查请求或者在**对专利局第一次实质审查意见**作出答复时，可以对发明专利申请主动提出修改。 实用新型**或者外观设计**专利申请**人自申请日起三个月内，可以对实用新型或者外观设计专利申请主动提出修改。**	**第五十一条** 发明专利申请人在提出实质审查请求时**以及在收到国务院专利行政部门发出的发明专利申请进入实质审查阶段通知书之日起的3个月内，**可以对发明专利申请主动提出修改。 实用新型或者外观设计专利申请人自申请日起**2**个月内，可以对实用新型或者外观设计专利申请主动提出修改。 **申请人在收到国务院专利行政部门发出的审查意见通知书后对专利申请文件进行修改的，应当按照通知书的要求进行修改。** **国务院专利行政部门可以自行修改**专利申请文件中文字和符号的**明显错误。国务院专利行**	**第五十一条** 发明专利申请人在提出实质审查请求时以及在收到国务院专利行政部门发出的发明专利申请进入实质审查阶段通知书之日起的3个月内，可以对发明专利申请主动提出修改。 实用新型或者外观设计专利申请人自申请日起2个月内，可以对实用新型或者外观设计专利申请主动提出修改。 申请人在收到国务院专利行政部门发出的审查意见通知书后对专利申请文件进行修改的，应当**针对**通知书**指出的缺陷**进行修改。 国务院专利行政部门可以自行修改专利申请文件中文字和符号的明显错误。国务院专利行	**第五十七条** 发明专利申请人在提出实质审查请求时以及在收到国务院专利行政部门发出的发明专利申请进入实质审查阶段通知书之日起的3个月内，可以对发明专利申请主动提出修改。 实用新型或者外观设计专利申请人自申请日起2个月内，可以对实用新型或者外观设计专利申请主动提出修改。 申请人在收到国务院专利行政部门发出的审查意见通知书后对专利申请文件进行修改的，应当针对通知书指出的缺陷进行修改。 国务院专利行政部门可以自行修改专利申请文件中文字和符号的明显错误。国务院专利行

		政部门自行修改的，应当通知申请人。	政部门自行修改的，应当通知申请人。	政部门自行修改的，应当通知申请人。
第五十二条 实用新型或者外观设计专利申请人自申请日起至申请公告前，或者在对异议提出答复时，可以对实用新型或者外观设计专利申请主动提出修改。对外观设计专利申请进行修改时，不得变更外观设计的基本组成部分。	**第五十二条** 发明或者实用新型专利申请的说明书或者权利要求书的修改部分，除个别文字修改或者增删外，应当按照规定格式提交替换页。**外观设计专利申请的图片或者照片的修改，应当按照规定提交替换页。**	**第五十二条** 发明或者实用新型专利申请的说明书或者权利要求书的修改部分，除个别文字修改或者增删外，应当按照规定格式提交替换页。外观设计专利申请的图片或者照片的修改，应当按照规定提交替换页。	**第五十二条** 发明或者实用新型专利申请的说明书或者权利要求书的修改部分，除个别文字修改或者增删外，应当按照规定格式提交替换页。外观设计专利申请的图片或者照片的修改，应当按照规定提交替换页。	**第五十八条** 发明或者实用新型专利申请的说明书或者权利要求书的修改部分，除个别文字修改或者增删外，应当按照规定格式提交替换页。外观设计专利申请的图片或者照片的修改，应当按照规定提交替换页。
第五十三条 依照专利法规定，专利申请应当予以驳回的情形是指： （一）申请不符合专利法第三条和本细则第二条规定的； （二）申请属于专利法第五条、第二十五条规定或者不符合专利法第二十二条、第二十三条	**第五十三条** 依照专利法和本细则规定，**发明**专利申请经**实质审查**应当予以驳回的情形是指： （一）申请不符合本细则第二条**第一款**规定的； （二）申请属于专利法第五条、第二十五条**的**规定的，或者不符合专	**第五十三条** 依照专利法**第三十八条的**规定，发明专利申请经实质审查应当予以驳回的情形是指： （一）申请不符合本细则第二条第一款规定的； （二）申请属于专利法第五条、第二十五条的规定，或者不符合专利	**第五十三条** 依照专利法第三十八条的规定，发明专利申请经实质审查应当予以驳回的情形是指： （一）申请属于专利法第五条、第二十五条**规定的情形**，或者依照专利法第九条规定不能取得专利权的； （二）申请不符合专	**第五十九条** 依照专利法第三十八条的规定，发明专利申请经实质审查应当予以驳回的情形是指： （一）申请属于专利法第五条、第二十五条规定的情形，或者依照专利法第九条规定不能取得专利权的； （二）申请不符合专

1985 年	1992 年	2001 年	2010 年	2023 年
规定的； （三）依照专利法第六条、第八条、第十八条规定申请人无权申请专利，或者依照专利法第九条规定不能取得专利权的； （四）申请不符合专利法第二十六条第三款、第四款或者第三十一条规定的； （五）申请的修改或者分案的申请超出原说明书记载范围的。	利法第二十二条、**本细则第十二条第一款的规定的**，或者依照专利法第九条规定不能取得专利权的； （三）申请不符合专利法第二十六条第三款、第四款或者第三十一条第一款的规定的； （四）申请的修改或者分案的申请超出原说明书**和权利要求书**记载范围的。	法第二十二条、本细则**第十三条**第一款、**第二十条第一款**、**第二十一条第二款**的规定，或者依照专利法第九条规定不能取得专利权的； （三）申请不符合专利法第二十六条第三款、第四款或者第三十一条第一款的规定的； （四）申请的修改**不符合专利法第三十三条规定**，或者分案的申请**不符合本细则第四十三条第一款规定的**。	利法**第二条第二款**、**第二十条第一款**、第二十二条、第二十六条第三款、第四款、**第五款**、第三十一条第一款或者本细则第二十条第二款规定的； （三）申请的修改不符合专利法第三十三条规定，或者分案的申请不符合本细则第四十三条第一款的规定的。	利法第二条第二款、第**十九**条第一款、第二十二条、第二十六条第三款、**第二十六条**第四款、**第二十六条**第五款、第三十一条第一款或者本细则**第十一条**、**第二十三**条第二款规定的； （三）申请的修改不符合专利法第三十三条规定，或者分案的申请不符合本细则第**四十九**条第一款的规定的。
	第五十四条 **专利局发出授予专利权的通知后，申请人应当自收到通知之日起二个月内办理登记手续。申请人按期办理登记手续的，专利局应当授予专利权，颁发专利证书，**	**第五十四条** **国务院专利行政部**门发出授予专利权的通知后，申请人应当自收到通知之日起**2**个月内办理登记手续。申请人按期办理登记手续的，**国务院专利行政部**门应当	**第五十四条** 国务院专利行政部门发出授予专利权的通知后，申请人应当自收到通知之日起2个月内办理登记手续。申请人按期办理登记手续的，国务院专利行政部门应当	**第六十条** 国务院专利行政部门发出授予专利权的通知后，申请人应当自收到通知之日起2个月内办理登记手续。申请人按期办理登记手续的，国务院专利行政部门应当

	并予以公告。专利权自颁发专利证书之日起生效。 期满未办理登记手续的，视为放弃取得专利权的权利。	授予专利权，颁发专利证书，并予以公告。 期满未办理登记手续的，视为放弃取得专利权的权利。	授予专利权，颁发专利证书，并予以公告。 期满未办理登记手续的，视为放弃取得专利权的权利。 第五十五条（新增） 保密专利申请经审查没有发现驳回理由的，国务院专利行政部门应当作出授予保密专利权的决定，颁发保密专利证书，登记保密专利权的有关事项。	授予专利权，颁发专利证书，并予以公告。 期满未办理登记手续的，视为放弃取得专利权的权利。 第六十一条 保密专利申请经审查没有发现驳回理由的，国务院专利行政部门应当作出授予保密专利权的决定，颁发保密专利证书，登记保密专利权的有关事项。
第五十四条 依照专利法第四十一条规定，对专利局公告的发明或者实用新型专利申请可以提出异议的情形是指： （一）申请专利的发明不符合专利法第三条和本细则第二条第一款规定，申请专利的实用新	第五十五条 依照专利法第四十一条规定，对专利局公告授予的专利权，可以提出撤销的理由是指： （一）授予专利权的发明和实用新型不符合专利法第二十二条规定的； （二）授予专利权的外观设计不符合专利法第	（删除）	第五十六条 授予实用新型或者外观设计专利权的决定公告后，专利法第六十条规定的专利权人或者利害关系人可以请求国务院专利行政部门作出专利权评价报告。 请求作出专利权评价报告的，应当提交专利	第六十二条 授予实用新型或者外观设计专利权的决定公告后，专利法第六十六条规定的专利权人、利害关系人、被控侵权人可以请求国务院专利行政部门作出专利权评价报告。申请人可以在办理专利权登记手续时请

1985 年	1992 年	2001 年	2010 年	2023 年
型不符合专利法第三条和本细则第二条第二款规定的； （二）申请属于专利法第五条、第二十五条规定或者不符合专利法第二十二条规定的； （三）申请人依照专利法第六条、第八条、第十八条规定无权申请专利，或者申请的主要内容是取自他人的说明书、附图、模型、设备等，或者取自他人使用的方法，而未经其同意的； （四）申请不符合专利法第二十六条第三款或者第四款规定的； （五）申请的修改或者分案的申请超出原说明书记载范围的。	二十三条规定的。		**权评价报告**请求书，写明专利号。每项请求应当限于一项专利**权**。 **专利权评价报告请求书**不符合规定的，**国务院专利行政部门**应当通知请求人在指定期限内补正；**请求人期满未补正的，视为未提出请求。**	**求国务院专利行政部门作出专利权评价报告。** 请求作出专利权评价报告的，应当提交专利权评价报告请求书，写明**专利申请号或者**专利号。每项请求应当限于一项**专利申请或者**专利权。 专利权评价报告请求书不符合规定的，国务院专利行政部门应当通知请求人在指定期限内补正；请求人期满未补正的，视为未提出请求。

第五十五条 依照专利法第四十一条规定，对专利局公告的外观设计专利申请可以提出异议的情形是指： （一）申请专利的外观设计不符合专利法第三条和本细则第二条第三款规定的； （二）申请专利的外观设计属于专利法第五条规定或者不符合第二十三条规定的； （三）申请人依照专利法第六条、第八条、第十八条规定无权申请专利，或者依照专利法第九条规定不能取得专利权，或者申请专利的外观设计的基本组成部分是取自他人的设计、图片、照片、物品或者模型，而未经其同意的； （四）对申请的修改，变更了外观设计的基本组成部分的。	［该条经修改后作为本细则第五十五条第（二）项］			

1985 年	1992 年	2001 年	2010 年	2023 年
第五十六条 任何人依照专利法第四十一条规定提出异议的，应当向专利局提交异议书一式两份，并且说明异议的理由。	**第五十六条** 依照专利法第四十一条规定**请求专利局撤销专利权的，应当提交撤销专利权请求书和有关文件一式两份，**说明**请求撤销专利权所依据的事实和**理由。 **专利局对撤销专利权的请求作出决定前，撤销专利权请求人可以撤回其请求。**	（删除）		
第五十七条 专利局收到异议书后应当进行审查。对不符合规定的异议书，应当通知异议人在指定的期限内补正；未在指定的期限内补正的，被视为未提出异议。 异议书中未写明反对授予专利权的理由或者提出的理由不符合本细	**第五十七条** 专利局收到**撤销专利权请求书**后，应当进行审查。对不符合规定的**撤销专利权请求书，**应当通知**撤销专利权请求人**在指定的期限内补正；**期满**未补正的，**该撤销专利权的请求**被视为未提出。 **撤销专利权请求书**中	（删除）		

则第五十四条或者第五十五条规定的，不予受理。	未写明**撤销专利权所依据的事实和**理由或者提出的理由不符合本细则第五十五条规定的，专利局不予受理。 **专利局应当将受理的撤销专利权请求书的副本和有关文件的副本送交专利权人，要求其在指定的期限内陈述意见，专利权人可以修改专利文件，但是不得扩大原专利保护的范围；期满未答复的，不影响专利局审查。**	第五十五条（新增） **授予实用新型专利权的决定公告后，实用新型专利权人可以请求国务院专利行政部门作出实用新型专利检索报告。** **请求作出实用新型专利检索报告的，应当提交请求书，并指明实用**		

1985 年	1992 年	2001 年	2010 年	2023 年
		新型专利的专利号。每项请求应当限于一项实用新型专利。 国务院专利行政部门收到作出实用新型专利检索报告的请求后，应当进行审查。请求不符合规定要求的，应当通知请求人在指定期限内补正。		
		第五十六条（*新增*） 经审查，实用新型专利检索报告请求书符合规定的，国务院专利行政部门应当及时作出实用新型专利检索报告。 经检索，国务院专利行政部门认为所涉及的实用新型专利不符合专利法第二十二条关于新颖性或者创造性的规定的，应当引证对比文件，说明理由，并附具所	**第五十七条** 国务院专利行政部门应当自收到专利权评价报告请求书后二个月内作出专利权评价报告。对同一项实用新型或者外观设计专利权，有多个请求人请求作出专利权评价报告的，国务院专利行政部门仅作出一份评价报告。任何单位或者个人可以查阅或者复制该专利权评价报告。	**第六十三条** 国务院专利行政部门应当自收到专利权评价报告请求书后 2 个月内作出专利权评价报告，**但申请人在办理专利权登记手续时请求作出专利权评价报告的，国务院专利行政部门应当自公告授予专利权之日起 2 个月内作出专利权评价报告。** 对同一项实用新型或

		引证对比文件的复印件。		者外观设计专利权，有多个请求人请求作出专利权评价报告的，国务院专利行政部门仅作出一份专利权评价报告。任何单位或者个人可以查阅或者复制该专利权评价报告。
		第五十七条 **国务院专利行政部**门对专利公告、专利文件中出现的错误，一经发现，应当及时更正，**并对所作更正予以公告。**	**第五十八条** 国务院专利行政部门对专利公告、专利**单行本**中出现的错误，一经发现，应当及时更正，并对所作更正予以公告。	**第六十四条** 国务院专利行政部门对专利公告、专利单行本中出现的错误，一经发现，应当及时更正，并对所作更正予以公告。
		第四章　专利申请的复审与专利权的无效宣告	**第四章　专利申请的复审与专利权的无效宣告**	**第四章　专利申请的复审与专利权的无效宣告**
第五十八条 专利复审委员会由专利局指定有经验的技术和法律专家组成，其主任委员由专利局局长兼任。	**第五十八条** 专利复审委员会由专利局指定有经验的技术**专家**和法律专家组成，主任委员由专利局局长兼任。	**第五十八条** 专利复审委员会由**国务院专利行政部门**指定的技术专家和法律专家组成，主任委员由**国务**	**第五十九条** 专利复审委员会由国务院专利行政部门指定的技术专家和法律专家组成，主任委员由国务	（删除）

1985 年	1992 年	2001 年	2010 年	2023 年
		院专利行政部门负责人兼任。	院专利行政部门负责人兼任。	
第五十九条 申请人依照专利法第四十三条第一款的规定向专利复审委员会请求复审的，应当提出复审请求书，说明理由并且附具有关的证明文件。请求书和证明文件应当一式两份。 申请人请求复审时，可以修改专利申请，但修改应当仅限于驳回申请的决定所涉及的部分。	**第五十九条** 依照专利法第四十三条第一款的规定向专利复审委员会请求复审的，应当提**交**复审请求书，说明理由并附具有关的证明文件。请求书和证明文件应当一式两份。 申请人**或者专利权人**请求复审时，可以修改被驳回的专利申请**或者被撤销的专利文件**，但是修改应当仅限于驳回申请的决定**或者撤销专利权的决定**所涉及的部分。	**第五十九条** 依照专利法第**四十一**条的规定向专利复审委员会请求复审的，应当提交复审请求书，说明理由，**必要时还应当附具有关证据。** 复审请求书不符合规定格式的，复审请求人应当在专利复审委员会指定的期限内补正；期满未补正的，该复审请求视为未提出。	**第六十条** 依照专利法第四十一条的规定向专利复审委员会请求复审的，应当提交复审请求书，说明理由，必要时还应当附具有关证据。 **复审请求不符合专利法第十九条第一款或者第四十一条第一款规定的，专利复审委员会不予受理，书面通知复审请求人并说明理由。** 复审请求书不符合规定格式的，复审请求人应当在专利复审委员会指定的期限内补正；期满未补正的，该复审请求视为未提出。	**第六十五条** 依照专利法第四十一条的规定向**国务院专利行政部门**请求复审的，应当提交复审请求书，说明理由，必要时还应当附具有关证据。 复审请求不符合专利法第十**八**条第一款或者第四十一条第一款规定的，**国务院专利行政部门**不予受理，书面通知复审请求人并说明理由。 复审请求书不符合规定格式的，复审请求人应当在**国务院专利行政部门**指定的期限内补正；期满未补正的，该复审请求视为未提出。

第六十条 复审请求书不符合规定格式的，复审请求人应当在专利复审委员会指定的期限内补正；未在该期限内补正的，该复审请求被视为撤回。	**第六十条** 复审请求书不符合规定格式的，复审请求人应当在专利复审委员会指定的期限内补正；**期满**未补正的，该复审请求被视为**未提出**。	（该条经修改后作为本细则的第五十九条第二款）		
		第六十条（新增） **请求人在提出复审请求或者在对专利复审委员会的复审通知书作出答复时，可以修改专利申请文件；但是，修改应当仅限于消除驳回决定或者复审通知书指出的缺陷。** **修改的专利申请文件应当提交一式两份。**	**第六十一条** 请求人在提出复审请求或者在对专利复审委员会的复审通知书作出答复时，可以修改专利申请文件；但是，修改应当仅限于消除驳回决定或者复审通知书指出的缺陷。 修改的专利申请文件应当提交一式两份。	**第六十六条** 请求人在提出复审请求或者在对**国务院专利行政部门**的复审通知书作出答复时，可以修改专利申请文件；但是，修改应当仅限于消除驳回决定或者复审通知书指出的缺陷。
第六十一条 专利复审委员会应当将受理的复审请求书转交原审查部门提出意见，由专利复审委员会作出决定，并且通知申请人。	**第六十一条** 专利复审委员会应当将受理的复审请求书转交**专利局**原审查部门**进行审查。原审查部门根据复审请求人的请求，**	**第六十一条** 专利复审委员会应当将受理的复审请求书转交**国务院专利行政部**门原审查部门进行审查。原审查部门根据复审请求	**第六十二条** 专利复审委员会应当将受理的复审请求书转交国务院专利行政部门原审查部门进行审查。原审查部门根据复审请求	（删除）

1985 年	1992 年	2001 年	2010 年	2023 年
	同意撤销原决定的，专利复审委员会应当据此作出复审决定，并通知复审请求人。	人的请求，同意撤销原决定的，专利复审委员会应当据此作出复审决定，并通知复审请求人。	人的请求，同意撤销原决定的，专利复审委员会应当据此作出复审决定，并通知复审请求人。	
第六十二条 专利复审委员会进行复审后，认为复审请求不符合专利法规定的，应当通知复审请求人，要求其在指定期限内陈述意见；无正当理由期满不答复的，其复审请求被视为撤回。	**第六十二条** 专利复审委员会进行复审后，认为复审请求不符合专利法规定的，应当通知复审请求人，要求其在指定期限内陈述意见；期满未答复的，该复审请求被视为撤回。	**第六十二条** 专利复审委员会进行复审后，认为复审请求不符合专利法和本细则有关规定的，应当通知复审请求人，要求其在指定期限内陈述意见。期满未答复的，该复审请求视为撤回；经陈述意见或者进行修改后，专利复审委员会认为仍不符合专利法和本细则有关规定的，应当作出维持原驳回决定的复审决定。 专利复审委员会进行复审后，认为原驳回决定不符合专利法和本细则有关规定的，或者认	**第六十三条** 专利复审委员会进行复审后，认为复审请求不符合专利法和本细则有关规定的，应当通知复审请求人，要求其在指定期限内陈述意见。期满未答复的，该复审请求视为撤回；经陈述意见或者进行修改后，专利复审委员会认为仍不符合专利法和本细则有关规定的，应当作出维持原驳回决定的复审决定。 专利复审委员会进行复审后，认为原驳回决定不符合专利法和本细则有关规定的，或者认	**第六十七条** 国务院专利行政部门进行复审后，认为复审请求不符合专利法和本细则有关规定或者专利申请存在其他明显违反专利法和本细则有关规定情形的，应当通知复审请求人，要求其在指定期限内陈述意见。期满未答复的，该复审请求视为撤回；经陈述意见或者进行修改后，国务院专利行政部门认为仍不符合专利法和本细则有关规定的，应当作出驳回复审请求的复审决定。 国务院专利行政部门

		为经过修改的专利申请文件消除了原驳回决定指出的缺陷的，应当撤销原驳回决定，由原审查部门继续进行审查程序。	为经过修改的专利申请文件消除了原驳回决定指出的缺陷的，应当撤销原驳回决定，由原审查部门继续进行审查程序。	进行复审后，认为原驳回决定不符合专利法和本细则有关规定的，或者认为经过修改的专利申请文件消除了原驳回决定**和复审通知书**指出的缺陷的，应当撤销原驳回决定，继续进行审查程序。
第六十三条 复审请求人在专利复审委员会作出决定前，可以随时撤回其复审请求。	**第六十三条** 复审请求人在专利复审委员会作出决定前，可以撤回其复审请求。	**第六十三条** 复审请求人在专利复审委员会作出决定前，可以撤回其复审请求。 **复审请求人在专利复审委员会作出决定前撤回其复审请求的，复审程序终止。**	**第六十四条** 复审请求人在专利复审委员会作出决定前，可以撤回其复审请求。 复审请求人在专利复审委员会作出决定前撤回其复审请求的，复审程序终止。	**第六十八条** 复审请求人在**国务院专利行政部门**作出决定前，可以撤回其复审请求。 复审请求人在**国务院专利行政部门**作出决定前撤回其复审请求的，复审程序终止。
第六十四条 专利局作出授予专利权的决定后，应当通知申请人于两个月内缴纳专利证书费并且领取专利证书；申请人期满未	（该条经修改后变为本细则的第五十四条）			

1985 年	1992 年	2001 年	2010 年	2023 年
缴纳专利证书费的，视为放弃取得专利权的权利。				
	第六十四条（新增） **专利局对专利申请文件中的发明创造名称、摘要或者请求书的明显错误可以予以修改，并通知申请人。** **专利局对专利公报和发出的文件中出现的错误，一经发现，应当及时更正。**	（该条第一款和第二款经修改后分别作为本细则的第五十一条第四款和第五十七条）		
第四章　专利权的无效宣告	**第四章　专利权的无效宣告**			
第六十五条 依照专利法第四十八条规定，请求宣告专利权无效或者部分无效的，应当向专利复审委员会提出请求书，说明理由，必要时应当附具有	**第六十五条** 依照专利法第四十八条的规定，请求宣告专利权无效或者部分无效的，应当向专利复审委员会提**交专利权无效宣告**请求书和有关文件一	**第六十四条** 依照专利法第**四十五**条的规定，请求宣告专利权无效或者部分无效的，应当向专利复审委员会提交专利权无效宣告请求书和**必要的证据**	**第六十五条** 依照专利法第四十五条的规定，请求宣告专利权无效或者部分无效的，应当向专利复审委员会提交专利权无效宣告请求书和必要的证据	**第六十九条** 依照专利法第四十五条的规定，请求宣告专利权无效或者部分无效的，应当向**国务院专利行政部门**提交专利权无效宣告请求书和必要的

关文件。无效宣告请求书和有关文件应当一式两份。	式两份，说明**所依据的事实和理由**。 **专利复审委员会对无效宣告的请求作出决定前，无效宣告请求人可以撤回其请求。**	一式两份。**无效宣告请求书应当结合提交的所有证据，具体说明无效宣告请求**的理由，**并指明每项理由所依据的证据。** **前款所称**无效宣告请求的理由，是指被授予专利的发明创造不符合专利法第二十二条、第二十三条、第二十六条第三款、第四款、第三十三条或者本细则第二条、**第十三条**第一款、**第二十条第一款、第二十一条第二款**的规定，或者属于专利法第五条、第二十五条的规定，或者依照专利法第九条规定不能取得专利权。	一式两份。无效宣告请求书应当结合提交的所有证据，具体说明无效宣告请求的理由，并指明每项理由所依据的证据。 前款所称无效宣告请求的理由，是指被授予专利的发明创造不符合专利法**第二条、第二十条第一款**、第二十二条、第二十三条、第二十六条第三款、第四款、**第二十七条第二款**、第三十三条或者本细则第二十条第二款、**第四十三条第一款**的规定，或者属于专利法第五条、第二十五条的规定，或者依照专利法第九条规定不能取得专利权。	证据一式两份。无效宣告请求书应当结合提交的所有证据，具体说明无效宣告请求的理由，并指明每项理由所依据的证据。 前款所称无效宣告请求的理由，是指被授予专利的发明创造不符合专利法第二条、第十**九**条第一款、第二十二条、第二十三条、第二十六条第三款、**第二十六条**第四款、第二十七条第二款、第三十三条或者本细则**第十一条**、第**二十三**条第二款、第**四十九**条第一款的规定，或者属于专利法第五条、第二十五条规定**的情形**，或者依照专利法第九条规定不能取得专利权。
第六十六条 专利权无效宣告请求书不符合规定格式的，	**第六十六条** 专利权无效宣告请求书不符合规定格式的，	**第六十五条** 专利权无效宣告请求书不符合**本细则第六十**	**第六十六条** 专利权无效宣告请求不符合**专利法第十九条**	**第七十条** 专利权无效宣告请求不符合专利法第十八条

1985 年	1992 年	2001 年	2010 年	2023 年
请求人应当在专利复审委员会指定的期限内补正；未在该期限内补正的，该无效宣告请求被视为撤回。 请求无效宣告理由适用本细则第五十四条、第五十五条的规定。 无效宣告请求书中未说明理由或者所提出的理由不符合本细则第五十四条、第五十五条规定的，不予受理。	**无效宣告**请求人应当在专利复审委员会指定的期限内补正；**期满**未补正的，该无效宣告请求被视为**未提出**。 **无效宣告请求的理由是指被授予专利权的发明创造不符合专利法第二十二条、第二十三条、第二十六条第三款、第四款、第三十三条或者本细则第二条、第十二条第一款的规定的，或者属于专利法第五条、第二十五条的规定的，或者依照专利法第九条规定不能取得专利权的。** **专利权**无效宣告请求书中未说明**所依据的事实和**理由或者所提出的理由不符合**本条第二款规定的，或者在已提出的撤销专利权请求尚未作出决定前又请求无效**	**四条规定的，专利复审委员会不予受理。** **在专利复审委员会就无效宣告请求作出决定之后，**又以**同样**的理由和**证据**请求无效宣告的，专利复审委员会不予受理。 **以授予专利权的外观设计与他人在先取得的合法权利相冲突为理由请求宣告外观设计专利权无效，但是未提交生效的能够证明权利冲突的处理决定或者判决的，专利复审委员会不予受理。** 专利权无效宣告请求书不符合规定格式的，无效宣告请求人应当在专利复审委员会指定的期限内补正；期满未补正的，该无效宣告请求视为未提出。	**第一款或者**本细则**第六十五条**规定的，专利复审委员会不予受理。 在专利复审委员会就无效宣告请求作出决定之后，又以同样的理由和证据请求无效宣告的，专利复审委员会不予受理。 **以不符合专利法第二十三条第三款的规定**为理由请求宣告外观设计专利权无效，但是未提交证明权利冲突的**证据**的，专利复审委员会不予受理。 专利权无效宣告请求书不符合规定格式的，无效宣告请求人应当在专利复审委员会指定的期限内补正；期满未补正的，该无效宣告请求视为未提出。	第一款或者本细则第六十九条规定的，**国务院专利行政部门**不予受理。 在**国务院专利行政部门**就无效宣告请求作出决定之后，又以同样的理由和证据请求无效宣告的，**国务院专利行政部门**不予受理。 以不符合专利法第二十三条第三款的规定为理由请求宣告外观设计专利权无效，但是未提交证明权利冲突的证据的，**国务院专利行政部门**不予受理。 专利权无效宣告请求书不符合规定格式的，无效宣告请求人应当在**国务院专利行政部门**指定的期限内补正；期满未补正的，该无效宣告请求视为未提出。

	宣告的，或者就撤销专利权请求、无效宣告请求已作出的决定，又以同一的事实和理由请求无效宣告的，专利复审委员会不予受理。			
		第六十六条（新增） **在专利复审委员会受理无效宣告请求后，请求人可以在提出无效宣告请求之日起1个月内增加理由或者补充证据。逾期增加理由或者补充证据的，专利复审委员会可以不予考虑。**	**第六十七条** 在专利复审委员会受理无效宣告请求后，请求人可以在提出无效宣告请求之日起1个月内增加理由或者补充证据。逾期增加理由或者补充证据的，专利复审委员会可以不予考虑。	**第七十一条** 在**国务院专利行政部门**受理无效宣告请求后，请求人可以在提出无效宣告请求之日起1个月内增加理由或者补充证据。逾期增加理由或者补充证据的，**国务院专利行政部门**可以不予考虑。
第六十七条 专利复审委员会应当将专利权无效宣告请求书的副本和有关文件的副本送交专利权人，要求其在指定的期限内陈述意见；无正当理由期	**第六十七条** 专利复审委员会应当将专利权无效宣告请求书的副本和有关文件的副本送交专利权人，要求其在指定的期限内陈述意见，**专利权人可以**	**第六十七条** 专利复审委员会应当将专利权无效宣告请求书和有关文件的副本送交专利权人，要求其在指定的期限内陈述意见。	**第六十八条** 专利复审委员会应当将专利权无效宣告请求书和有关文件的副本送交专利权人，要求其在指定的期限内陈述意见。	**第七十二条** **国务院专利行政部门**应当将专利权无效宣告请求书和有关文件的副本送交专利权人，要求其在指定的期限内陈述意见。

1985 年	1992 年	2001 年	2010 年	2023 年
满不答复的，被视为无反对意见。	**修改专利文件，但是不得扩大原专利保护的范围；期满未**答复的，**不影响专利复审委员会审理。**	**专利权人和无效宣告请求人应当在指定期限内答复专利复审委员会发出的转送文件通知书或者无效宣告请求审查通知书**；期满未答复的，不影响专利复审委员会审理。 **第六十八条** **在无效宣告请求的审查过程中，发明或者实用新型专利的**专利权人可以修改**其权利要求**书，但是不得扩大原专利的保护范围。 **发明或者实用新型专利的专利权人不得修改专利说明书和附图，外观设计专利的专利权人不得修改图片、照片和简要说明。**	**专利权人和无效宣告请求人应当在指定期限内答复**专利复审委员会发出的转送文件通知书或者无效宣告请求审查通知书；期满未答复的，不影响专利复审委员会审理。 **第六十九条** 在无效宣告请求的审查过程中，发明或者实用新型专利的专利权人可以修改其权利要求书，但是不得扩大原专利的保护范围。 发明或者实用新型专利的专利权人不得修改专利说明书和附图，外观设计专利的专利权人不得修改图片、照片和简要说明。	专利权人和无效宣告请求人应当在指定期限内答复**国务院专利行政部门**发出的转送文件通知书或者无效宣告请求审查通知书；期满未答复的，不影响**国务院专利行政部门**审理。 **第七十三条** 在无效宣告请求的审查过程中，发明或者实用新型专利的专利权人可以修改其权利要求书，但是不得扩大原专利的保护范围。**国务院专利行政部门在修改后的权利要求基础上作出维持专利权有效或者宣告专利权部分无效的决定的，应当公告修改后的权利要求。** 发明或者实用新型专利的专利权人不得修改

				专利说明书和附图，外观设计专利的专利权人不得修改图片、照片和简要说明。
		第六十九条（新增） **专利复审委员会根据当事人的请求或者案情需要，可以决定对无效宣告请求进行口头审理。** **专利复审委员会决定对无效宣告请求进行口头审理的，应当向当事人发出口头审理通知书，告知举行口头审理的日期和地点。当事人应当在通知书指定的期限内作出答复。** **无效宣告请求人对专利复审委员会发出的口头审理通知书在指定的期限内未作答复，并且不参加口头审理的，其无效宣告请求视为撤回；专利权人不参加口头审理的，可以**	**第七十条** 专利复审委员会根据当事人的请求或者案情需要，可以决定对无效宣告请求进行口头审理。 专利复审委员会决定对无效宣告请求进行口头审理的，应当向当事人发出口头审理通知书，告知举行口头审理的日期和地点。当事人应当在通知书指定的期限内作出答复。 无效宣告请求人对专利复审委员会发出的口头审理通知书在指定的期限内未作答复，并且不参加口头审理的，其无效宣告请求视为撤回；专利权人不参加口头审理的，可以	**第七十四条** **国务院专利行政部门**根据当事人的请求或者案情需要，可以决定对无效宣告请求进行口头审理。 **国务院专利行政部门**决定对无效宣告请求进行口头审理的，应当向当事人发出口头审理通知书，告知举行口头审理的日期和地点。当事人应当在通知书指定的期限内作出答复。 无效宣告请求人对**国务院专利行政部门**发出的口头审理通知书在指定的期限内未作答复，并且不参加口头审理的，其无效宣告请求视为撤回；专利

1985 年	1992 年	2001 年	2010 年	2023 年
		缺席审理。	缺席审理。	权人不参加口头审理的，可以缺席审理。
		第七十条（新增） **在无效宣告请求审查程序中，专利复审委员会指定的期限不得延长。**	**第七十一条** 在无效宣告请求审查程序中，专利复审委员会指定的期限不得延长。	**第七十五条** 在无效宣告请求审查程序中，**国务院专利行政部门**指定的期限不得延长。
		第七十一条（新增） **专利复审委员会对无效宣告的请求作出决定前，无效宣告请求人可以撤回其请求。** **无效宣告请求人在专利复审委员会作出决定之前撤回其请求的，无效宣告请求审查程序终止。**	**第七十二条** 专利复审委员会对无效宣告的请求作出决定前，无效宣告请求人可以撤回其请求。 专利复审委员会作出决定之前，无效宣告请求人撤回其请求**或者其无效宣告请求被视为撤回的**，无效宣告请求审查程序终止。**但是，专利复审委员会认为根据已进行的审查工作能够作出宣告专利权无效或者部分无效的决定的，不终止审查程序。**	**第七十六条** **国务院专利行政部门**对无效宣告的请求作出决定前，无效宣告请求人可以撤回其请求。 **国务院专利行政部门**作出决定之前，无效宣告请求人撤回其请求或者其无效宣告请求被视为撤回的，无效宣告请求审查程序终止。**但是，国务院专利行政部门**认为根据已进行的审查工作能够作出宣告专利权无效或者部分无效的决定的，不终止审查程序。

				第五章　专利权期限补偿（新增） 第七十七条（新增） 依照专利法第四十二条第二款的规定请求给予专利权期限补偿的，专利权人应当自公告授予专利权之日起3个月内向国务院专利行政部门提出。 第七十八条（新增） 依照专利法第四十二条第二款的规定给予专利权期限补偿的，补偿期限按照发明专利在授权过程中不合理延迟的实际天数计算。 前款所称发明专利在授权过程中不合理延迟的实际天数，是指自发明专利申请日起满4年且自实质审查请求之日起满3年之日至公告授

1985 年	1992 年	2001 年	2010 年	2023 年
				予专利权之日的间隔天数，减去合理延迟的天数和由申请人引起的不合理延迟的天数。 下列情形属于合理延迟： （一）依照本细则第六十六条 的规定修改专利申请文件后被授予专利权的，因复审程序引起的延迟； （二）因本细则第一百零三条、第一百零四条规定情形引起的延迟； （三）其他合理情形引起的延迟。 同一申请人同日对同样的发明创造既申请实用新型专利又申请发明专利，依照本细则第四十七条第四款的规定取得发明专利权的，该发明专利权的期限不适用

				专利法第四十二条第二款的规定。 第七十九条（新增） 专利法第四十二条第二款规定的由申请人引起的不合理延迟包括以下情形： （一）未在指定期限内答复国务院专利行政部门发出的通知； （二）申请延迟审查； （三）因本细则第四十五条规定情形引起的延迟； （四）其他由申请人引起的不合理延迟。 第八十条（新增） 专利法第四十二条第三款所称新药相关发明专利是指符合规定的新药产品专利、制备方法专利、医药用途专利。

1985 年	1992 年	2001 年	2010 年	2023 年
				第八十一条（新增） 依照专利法第四十二条第三款的规定请求给予新药相关发明专利权期限补偿的，应当符合下列要求，自该新药在中国获得上市许可之日起 3 个月内向国务院专利行政部门提出： （一）该新药同时存在多项专利的，专利权人只能请求对其中一项专利给予专利权期限补偿； （二）一项专利同时涉及多个新药的，只能对一个新药就该专利提出专利权期限补偿请求； （三）该专利在有效期内，且尚未获得过新药相关发明专利权期限补偿。 第八十二条（新增） 依照专利法第四十二条第三款的规定给予专

				利权期限补偿的，补偿期限按照该专利申请日至该新药在中国获得上市许可之日的间隔天数减去5年，在符合专利法第四十二条第三款规定的基础上确定。 第八十三条（新增） 新药相关发明专利在专利权期限补偿期间，该专利的保护范围限于该新药及其经批准的适应症相关技术方案；在保护范围内，专利权人享有的权利和承担的义务与专利权期限补偿前相同。 第八十四条（新增） 国务院专利行政部门对依照专利法第四十二条第二款、第三款的规定提出的专利权期限补偿请求进行审查后，认为符合补偿条件的，作

1985 年	1992 年	2001 年	2010 年	2023 年
				出给予期限补偿的决定，并予以登记和公告；不符合补偿条件的，作出不予期限补偿的决定，并通知提出请求的专利权人。
第五章　专利实施的强制许可	第五章　专利实施的强制许可	第五章　专利实施的强制许可	第五章　专利实施的强制许可	第六章　专利实施的**特别**许可
				第八十五条（新增） 专利权人自愿声明对其专利实行开放许可的，应当在公告授予专利权后提出。 开放许可声明应当写明以下事项： （一）专利号； （二）专利权人的姓名或者名称； （三）专利许可使用费支付方式、标准； （四）专利许可期限； （五）其他需要明确的事项。

				开放许可声明内容应当准确、清楚，不得出现商业性宣传用语。 第八十六条（新增） 专利权有下列情形之一的，专利权人不得对其实行开放许可： （一）专利权处于独占或者排他许可有效期限内的； （二）属于本细则第一百零三条、第一百零四条规定的中止情形的； （三）没有按照规定缴纳年费的； （四）专利权被质押，未经质权人同意的； （五）其他妨碍专利权有效实施的情形。 第八十七条（新增） 通过开放许可达成专利实施许可的，专利权人或者被许可人应当凭

1985 年	1992 年	2001 年	2010 年	2023 年
				能够证明达成许可的书面文件向国务院专利行政部门备案。
				第八十八条（新增） 专利权人不得通过提供虚假材料、隐瞒事实等手段，作出开放许可声明或者在开放许可实施期间获得专利年费减免。
			第七十三条（新增） 专利法第四十八条第（一）项所称未充分实施其专利，是指专利权人及其被许可人实施其专利的方式或者规模不能满足国内对专利产品或者专利方法的需求。 专利法第五十条所称取得专利权的药品，是指解决公共健康问题所需的医药领域中的任何	第八十九条 专利法第五十三条第（一）项所称未充分实施其专利，是指专利权人及其被许可人实施其专利的方式或者规模不能满足国内对专利产品或者专利方法的需求。 专利法第五十五条所称取得专利权的药品，是指解决公共健康问题所需的医药领域中的任何

			专利产品或者依照专利方法直接获得的产品，包括取得专利权的制造该产品所需的活性成分以及使用该产品所需的诊断用品。	专利产品或者依照专利方法直接获得的产品，包括取得专利权的制造该产品所需的活性成分以及使用该产品所需的诊断用品。
第六十八条 任何单位依照专利法第五十二条规定或者任何专利权人依照第五十三条规定，请求给予实施发明或者实用新型专利的强制许可的，该单位或者专利权人应当向专利局提交强制许可请求书，并且附具未能以合理条件与专利权人签订实施许可合同的证明文件，各一式两份。 任何单位依照专利法第五十二条规定请求给予实施发明或者实用新型专利的强制许可的，还应当提交该单位具备	**第六十八条** **自专利权被授予之日起满三年后，**任何单位**均可以**依照专利法**第五十一条**的规定，请求**专利局**给予强制许可。 请求强制许可的，应当向专利局提交强制许可请求书，**说明理由**并附具**有关**证明文件各一式两份。 **专利局应当将强制许可请求书的副本送交专利权人，**专利权人**应当在专利局**指定的期限内陈述意见；期满**未**答复的，**不影响专利局作出关于强制许可的决定。**	**第七十二条** 自专利权被授予之日起满 3 年后，任何单位均可以依照专利法第**四十八**条的规定，请求**国务院专利行政部门**给予强制许可。 请求强制许可的，应当向**国务院专利行政部门**提交强制许可请求书，说明理由并附具有关证明文件各一式两份。 **国务院专利行政部门**应当将强制许可请求书的副本送交专利权人，专利权人应当在**国务院专利行政部门**指定的期限内陈述意见；期满未答	**第七十四条** 请求**给予**强制许可的，应当向国务院专利行政部门提交强制许可请求书，说明理由并附具有关证明文件。 国务院专利行政部门应当将强制许可请求书的副本送交专利权人，专利权人应当在国务院专利行政部门指定的期限内陈述意见；期满未答复的，不影响国务院专利行政部门作出决定。 **国务院专利行政部门在作出驳回强制许可请求的决定或者给予强制许可的决定前，应当通**	**第九十条** 请求给予强制许可的，应当向国务院专利行政部门提交强制许可请求书，说明理由并附具有关证明文件。 国务院专利行政部门应当将强制许可请求书的副本送交专利权人，专利权人应当在国务院专利行政部门指定的期限内陈述意见；期满未答复的，不影响国务院专利行政部门作出决定。 国务院专利行政部门在作出驳回强制许可请求的决定或者给予强制许可的决定前，应当通

1985年	1992年	2001年	2010年	2023年
实施条件的说明文件一式两份。 专利局在受理强制许可请求书后，应当通知有关专利权人在指定期限内陈述意见；无正当理由期满不答复的，被视为无反对意见。 专利局在对强制许可请求书和有关专利权人的意见进行审查后，应当作出决定并且通知请求人和有关专利权人。	在国家出现紧急状态或者非常情况时，或者为了公共目的的非商业性使用的情况下，专利局可以给予强制许可。 专利局作出的给予实施强制许可的决定，应当依据强制许可的理由规定实施的范围和时间，并限定强制许可实施主要为供应国内市场的需要。 专利局作出的给予实施强制许可的决定，应当尽快通知专利权人，并予以登记和公告。强制许可的理由消除或者不再发生时，专利局可以根据专利权人的请求，对这种情况进行审查，终止实施强制许可。	复的，不影响国务院专利行政部门作出关于强制许可的决定。 国务院专利行政部门作出的给予实施强制许可的决定，应当限定强制许可实施主要是为供应国内市场的需要；强制许可涉及的发明创造是半导体技术的，强制许可实施仅限于公共的非商业性使用，或者经司法程序或者行政程序确定为反竞争行为而给予救济的使用。	知请求人和专利权人拟作出的决定及其理由。 国务院专利行政部门依照专利法第五十条的规定作出给予强制许可的决定，应当同时符合中国缔结或者参加的有关国际条约关于为了解决公共健康问题而给予强制许可的规定，但中国作出保留的除外。	知请求人和专利权人拟作出的决定及其理由。 国务院专利行政部门依照专利法第五十五条的规定作出给予强制许可的决定，应当同时符合中国缔结或者参加的有关国际条约关于为了解决公共健康问题而给予强制许可的规定，但中国作出保留的除外。
第六十九条 依照专利法第五十七	**第六十九条** 依照专利法第五十七	**第七十三条** 依照专利法第五十四	**第七十五条** 依照专利法第五十七	**第九十一条** 依照专利法第六十二

条规定请求专利局裁决使用费数额的，当事人应当提出裁决请求书，并且附具双方不能达成协议的证明文件。专利局在收到请求书后应当在三个月内作出裁决，并且通知当事人。	条规定请求专利局裁决使用费数额的，当事人应当提出裁决请求书，并附具双方不能达成协议的证明文件。专利局**应当自**收到请求书**之日起**三个月内作出裁决，并通知当事人。	条的规定，请求**国务院专利行政部门**裁决使用费数额的，当事人应当提出裁决请求书，并附具双方不能达成协议的证明文件。**国务院专利行政部门**应当自收到请求书之日起 **3** 个月内作出裁决，并通知当事人。	条的规定，请求国务院专利行政部门裁决使用费数额的，当事人应当提出裁决请求书，并附具双方不能达成协议的证明文件。国务院专利行政部门应当自收到请求书之日起 3 个月内作出裁决，并通知当事人。	条的规定，请求国务院专利行政部门裁决使用费数额的，当事人应当提出裁决请求书，并附具双方不能达成协议的证明文件。国务院专利行政部门应当自收到请求书之日起 3 个月内作出裁决，并通知当事人。
第六章　对职务发明创造的发明人或者设计人的奖励和报酬	**第六章　对职务发明创造的发明人或者设计人的奖励和报酬**	**第六章　对职务发明创造的发明人或者设计人的奖励和报酬**	**第六章　对职务发明创造的发明人或者设计人的奖励和报酬**	**第七章　对职务发明创造的发明人或者设计人的奖励和报酬**
第七十条 专利法第十六条所称的奖励，包括发给发明人或者设计人的奖金和报酬。	**第七十条** 专利法第十六条所称奖励，包括发给发明人或者设计人的奖金和报酬。	（删除）	**第七十六条**（新增） **被授予专利权的单位可以与发明人、设计人约定或者在其依法制定**	**第九十二条** 被授予专利权的单位可以与发明人、设计人约定或者在其依法制定

1985 年	1992 年	2001 年	2010 年	2023 年
			的规章制度中规定专利法第十六条规定的奖励、报酬的方式和数额。 **企业、事业单位给予发明人或者设计人的奖励、报酬，按照国家有关财务、会计制度的规定进行处理。**	的规章制度中规定专利法第**十五**条规定的奖励、报酬的方式和数额。**鼓励被授予专利权的单位实行产权激励，采取股权、期权、分红等方式，使发明人或者设计人合理分享创新收益。** 企业、事业单位给予发明人或者设计人的奖励、报酬，按照国家有关财务、会计制度的规定进行处理。
第七十一条 专利权被授予后，专利权的持有单位应当对发明人或者设计人发给奖金。一项发明专利的奖金最低不少于 200 元；一项实用新型专利或者外观设计专利的奖金最低不少于 50 元。 由于发明人或者设计	**第七十一条** 专利权被授予后，专利权的持有单位应当对发明人或者设计人发给奖金。一项发明专利的奖金最低不少于 200 元；一项实用新型专利或者外观设计专利的奖金最低不少于 50 元。 由于发明人或者设计	**第七十四条** **被授予专利权的国有企业事业单位应当自专利权公告之日起 3 个月**内发给发明人或者设计人奖金。一项发明专利的奖金最低不少于 **2000** 元；一项实用新型专利或者外观设计专利的奖金最低不少于 **500** 元。	**第七十七条** 被授予专利权的单位**未与发明人、设计人约定也未在其依法制定的规章制度中规定专利法第十六条规定的奖励的方式和数额的**，应当自专利权公告之日起 3 个月内发给发明人或者设计人奖金。一项发明专	**第九十三条** 被授予专利权的单位未与发明人、设计人约定也未在其依法制定的规章制度中规定专利法第**十五**条规定的奖励的方式和数额的，应当自公告**授予专利权**之日起 3 个月内发给发明人或者设计人奖金。一项发

人的建议被其所属单位采纳而完成的发明创造，专利权被授予后，专利权的持有单位应当从优发给奖金。 对上述奖金，企业单位可以计入成本，事业单位可以从事业费中列支。 **第七十二条** 专利权的持有单位在专利权有效期限内，实施发明创造专利后，每年应当从实施发明或者实用新型所得利润纳税后提取0.5%～2%，或者从实施外观设计所得利润纳税后提取0.05%～0.2%，作为报酬发给发明人或者设计人；或者参照上述比例，发给发明人或者设计人一次性报酬。	人的建议被其所属单位采纳而完成的发明创造，专利权被授予后，专利权的持有单位应当从优发给奖金。 **发给发明人或者设计人的**奖金，企业单位可以计入成本，事业单位可以从事业费中列支。 **第七十二条** 专利权的持有单位在专利权**的**有效期限内，实施发明创造专利后，每年应当从实施发明或者实用新型所得利润纳税后提取0.5%～2%，或者从实施外观设计所得利润纳税后提取0.05%～0.2%，作为报酬**支付**发明人或者设计人；或者参照上述比例，发给发明人或者设计人一次性报酬。	由于发明人或者设计人的建议被其所属单位采纳而完成的发明创造，**被授予专利权的国有企业事业单位**应当从优发给奖金。 发给发明人或者设计人的奖金，企业可以计入成本，事业单位可以从事业费中列支。 **第七十五条** **被授予专利权的国有企业事业单位**在专利权有效期限内，实施发明创造专利后，每年应当从实施**该项**发明或者实用新型**专利**所得利润纳税后提取**不低于**2%或者从实施**该项**外观设计**专利**所得利润纳税后提取**不低于**0.2%，作为报酬支付发明人或者设计人；或者参照上述比例，发给发明人或者设计人一次性报酬。	利的奖金最低不少于**3000**元；一项实用新型专利或者外观设计专利的奖金最低不少于**1000**元。 由于发明人或者设计人的建议被其所属单位采纳而完成的发明创造，被授予专利权的单位应当从优发给奖金。 **第七十八条** 被授予专利权的单位**未与发明人、设计人约定也未在其依法制定的规章制度中规定专利法第十六条规定的报酬的方式和数额的**，在专利权有效期限内，实施发明创造专利后，每年应当从实施该项发明或者实用新型专利**的营业利润中**提取不低于2%或者从实施该项外观设计专利**的营业利润中**提取不低于0.2%，作为报酬	明专利的奖金最低不少于**4000**元；一项实用新型专利或者外观设计专利的奖金最低不少于**1500**元。 由于发明人或者设计人的建议被其所属单位采纳而完成的发明创造，被授予专利权的单位应当从优发给奖金。 **第九十四条** 被授予专利权的单位未与发明人、设计人约定也未在其依法制定的规章制度中规定专利法第十五条规定的报酬的方式和数额的，**应当依照《中华人民共和国促进科技成果转化法》的规定，给予发明人或者设计人合理的报酬。**

1985 年	1992 年	2001 年	2010 年	2023 年
第七十三条 发明创造专利权的持有单位许可其他单位或者个人实施其专利的，应当从收取的使用费中纳税后提取 5% ~10% 作为报酬发给发明人或者设计人。	**第七十三条** 发明创造专利权的持有单位许可其他单位或者个人实施其专利的，应当从收取的使用费中纳税后提取 5% ~10% 作为报酬**支付**发明人或者设计人。	**第七十六条** **被授予专利权的国有企业事业单位**许可其他单位或者个人实施其专利的，应当从**许可实施该项专利**收取的使用费纳税后提取**不低于 10%** 作为报酬支付发明人或者设计人。	**给予**发明人或者设计人，或者参照上述比例，给予发明人或者设计人一次性报酬；被授予专利权的单位许可其他单位或者个人实施其专利的，应当从收取的使用费**中**提取不低于 10%，作为报酬**给予**发明人或者设计人。	
第七十四条 本细则规定的报酬，一律从制造专利产品、使用专利方法所获得的利润和收取的使用费中列支，不计入单位的奖金总额，不计征奖金税。但发明人或者设计人的个人所得，应当依法纳税。	**第七十四条** 本细则规定的报酬，一律从制造专利产品、使用专利方法所获得的利润和收取的使用费中列支，不计入单位的奖金总额，不计征奖金税。**但是，**发明人或者设计人的个人所得，应当依法纳税。	（删除）		
第七十五条 本章关于奖金和报酬的规定，集体所有制单位和其他企业可以参照执行。	**第七十五条** 本章关于奖金和报酬的规定，集体所有制单位和其他企业可以参照执行。	**第七十七条** 本章关于奖金和报酬的规定，**中国其他单位**可以参照执行。	（删除）	

第七章　专利管理机关	第七章　专利管理机关	第七章　专利权的保护	第七章　专利权的保护	第八章　专利权的保护
第七十六条 专利法第六十条和本细则所称的专利管理机关是指国务院有关主管部门和各省、自治区、直辖市、开放城市和经济特区人民政府设立的专利管理机关。	**第七十六条** 专利法和本细则所称专利管理机关，是指国务院有关主管部门**或者地方**人民政府设立的专利管理机关。	**第七十八条** 专利法和本细则所称**管理专利工作的部门，是指由省、自治区、直辖市人民政府以及专利管理工作量大又有实际处理能力的设区的市人民政府设立的管理专利工作的部门。**	**第七十九条** 专利法和本细则所称管理专利工作的部门，是指由省、自治区、直辖市人民政府以及专利管理工作量大又有实际处理能力的设区的市人民政府设立的管理专利工作的部门。	**第九十五条** 省、自治区、直辖市人民政府**管理专利工作的部门**以及专利管理工作量大又有实际处理能力的**地级市、自治州、盟、地区和直辖市的区**人民政府管理专利工作的部门，**可以处理和调解专利纠纷。**
第七十七条 对于在发明专利申请公布后、专利权授予前使用发明而未支付适当费用的单位或者个人，在专利权授予后，专利权人可以请求专利管理机关进行调处，也可以直接向人民法院起诉。专利管理机关调处的时候，有权决定该单位或者个人在指定的期限内支	**第七十七条** 对于在发明专利申请公布后、专利权授予前使用发明而未支付适当费用的单位或者个人，在专利权授予后，专利权人可以请求专利管理机关**处理**，也可以直接向人民法院**提**起诉**讼**。专利管理机关**处理**时，有权决定该单位或者个人在指定的期限内支付适	**第七十九条** **除专利法第五十七条规定的外，管理专利工作的部门应当事人请求，还可以对下列专利纠纷进行调解：** **（一）专利申请权和专利权归属纠纷；** **（二）发明人、设计人资格纠纷；** **（三）职务发明的发明人、设计人的奖励和报**	（该条经修改后作为本细则的第八十五条）	

1985 年	1992 年	2001 年	2010 年	2023 年
付适当的费用。当事人对专利管理机构的决定不服的，可以向人民法院起诉。 前款规定准用于实用新型或者外观设计专利申请。	当的费用。当事人对专利管理机关的决定不服的，可以向人民法院提起诉讼。 **发明人或者设计人与其所在单位对其发明创造是否属于职务发明创造以及对职务发明创造是否提出专利申请有争议的，或者专利权的所有单位或者持有单位对职务发明创造的发明人或者设计人没有依法发给奖金或者支付报酬的，发明人或者设计人可以请求上级主管部门或者单位所在地的专利管理机关处理。** **请求专利管理机关处理专利纠纷的时效为两年，自专利权人或者利害关系人得知或者应当得知之日起计算。**	**酬纠纷；** **（四）在发明专利申请公布后专利权授予前使用发明而未支付适当费用的纠纷。** **对于前款第（四）项所列的纠纷，专利权人请求管理专利工作的部门调解，应当在专利权被授予之后提出。**		

第七十八条 发明人或者设计人与其所属单位对其发明创造是否属于职务发明创造以及对职务发明创造是否提出专利申请有争议的，发明人或者设计人可以请求上级主管部门或者单位所在地区专利管理机关处理。	（该条经修改后作为本细则的第七十七条第二款）			
		第八十条（新增） **国务院专利行政部门应当对管理专利工作的部门处理和调解专利纠纷进行业务指导。**	**第八十条** 国务院专利行政部门应当对管理专利工作的部门处理**专利侵权纠纷、查处假冒专利行为**、调解专利纠纷进行业务指导。	（删除）
				第九十六条（新增） **有下列情形之一的，属于专利法第七十条所称的在全国有重大影响的专利侵权纠纷：** **（一）涉及重大公共利益的；**

1985 年	1992 年	2001 年	2010 年	2023 年
				（二）对行业发展有重大影响的； （三）跨省、自治区、直辖市区域的重大案件； （四）国务院专利行政部门认为可能有重大影响的其他情形。 专利权人或者利害关系人请求国务院专利行政部门处理专利侵权纠纷，相关案件不属于在全国有重大影响的专利侵权纠纷的，国务院专利行政部门可以指定有管辖权的地方人民政府管理专利工作的部门处理。
		第八十一条（新增） **当事人请求处理或者调解专利纠纷的，由被请求人所在地或者侵权行为地的管理专利工作的部门管辖。** **两个以上管理专利工**	**第八十一条** 当事人请求处理专**利侵权纠纷**或者调解专利纠纷的，由被请求人所在地或者侵权行为地的管理专利工作的部门管辖。 两个以上管理专利工	**第九十七条** 当事人请求处理专利侵权纠纷或者调解专利纠纷的，由被请求人所在地或者侵权行为地的管理专利工作的部门管辖。 两个以上管理专利工

		作的部门都有管辖权的专利纠纷，当事人可以向其中一个管理专利工作的部门提出请求；当事人向两个以上有管辖权的管理专利工作的部门提出请求的，由最先受理的管理专利工作的部门管辖。 **管理专利工作的部门对管辖权发生争议的，由其共同的上级人民政府管理专利工作的部门指定管辖；无共同上级人民政府管理专利工作的部门的，由国务院专利行政部门指定管辖。**	作的部门都有管辖权的专利纠纷，当事人可以向其中一个管理专利工作的部门提出请求；当事人向两个以上有管辖权的管理专利工作的部门提出请求的，由最先受理的管理专利工作的部门管辖。 管理专利工作的部门对管辖权发生争议的，由其共同的上级人民政府管理专利工作的部门指定管辖；无共同上级人民政府管理专利工作的部门的，由国务院专利行政部门指定管辖。	作的部门都有管辖权的专利纠纷，当事人可以向其中一个管理专利工作的部门提出请求；当事人向两个以上有管辖权的管理专利工作的部门提出请求的，由最先受理的管理专利工作的部门管辖。 管理专利工作的部门对管辖权发生争议的，由其共同的上级人民政府管理专利工作的部门指定管辖；无共同上级人民政府管理专利工作的部门的，由国务院专利行政部门指定管辖。
		第八十二条（新增） **在处理专利侵权纠纷过程中，被请求人提出无效宣告请求并被专利复审委员会受理的，可以请求管理专利工作的部门中止处理。**	**第八十二条** 在处理专利侵权纠纷过程中，被请求人提出无效宣告请求并被专利复审委员会受理的，可以请求管理专利工作的部门中止处理。	**第九十八条** 在处理专利侵权纠纷过程中，被请求人提出无效宣告请求并被**国务院专利行政部门**受理的，可以请求管理专利工作的部门中止处理。

1985 年	1992 年	2001 年	2010 年	2023 年
		管理专利工作的部门认为被请求人提出的中止理由明显不能成立的，可以不中止处理。 第八十三条（新增） 专利权人依照专利法第十五条的规定，在其专利产品或者该产品的包装上标明专利标记的，应当按照国务院专利行政部门规定的方式予以标明。	管理专利工作的部门认为被请求人提出的中止理由明显不能成立的，可以不中止处理。 第八十三条 专利权人依照专利法第十七条的规定，在其专利产品或者该产品的包装上标明专利标识的，应当按照国务院专利行政部门规定的方式予以标明。 专利标识不符合前款规定的，由管理专利工作的部门责令改正。	管理专利工作的部门认为被请求人提出的中止理由明显不能成立的，可以不中止处理。 第九十九条 专利权人依照专利法第十六条的规定，在其专利产品或者该产品的包装上标明专利标识的，应当按照国务院专利行政部门规定的方式予以标明。 专利标识不符合前款规定的，由县级以上负责专利执法的部门责令改正。 第一百条（新增） 申请人或者专利权人违反本细则第十一条、第八十八条规定的，由县级以上负责专利执法的部门予以警告，可以处10万元以下的罚款。

		第八十四条（新增） **下列行为属于假冒他人专利的行为：** **（一）未经许可，在其制造或者销售的产品、产品的包装上标注他人的专利号；** **（二）未经许可，在广告或者其他宣传材料中使用他人的专利号，使人将所涉及的技术误认为是他人的专利技术；** **（三）未经许可，在合同中使用他人的专利号，使人将合同涉及的技术误认为是他人的专利技术；** **（四）伪造或者变造他人的专利证书、专利文件或者专利申请文件。**	**第八十四条** 下列行为属于**专利法第六十三条规定的**假冒专利的行为： （一）**在未被授予专利权的产品或者其包装上标注专利标识，**专利权被宣告无效后或者**终止后继续在产品或者其包装上标注专利标识，或者**未经许可在产品**或者产品包装**上标注他人的专利号； （二）**销售第（一）**项所述产品； （三）**在产品说明书等材料中将未被授予专利权的技术或者设计**称为专利技术**或者专利设计，将专利申请称为专利，**或者未经许可使用他人的专利号，使**公众**将所涉及的技术**或者设计**误认为是专利技术**或者专利设计；**	**第一百零一条** 下列行为属于专利法第六十八条规定的假冒专利的行为： （一）在未被授予专利权的产品或者其包装上标注专利标识，专利权被宣告无效后或者终止后继续在产品或者其包装上标注专利标识，或者未经许可在产品或者产品包装上标注他人的专利号； （二）销售第（一）项所述产品； （三）在产品说明书等材料中将未被授予专利权的技术或者设计称为专利技术或者专利设计，将专利申请称为专利，或者未经许可使用他人的专利号，使公众将所涉及的技术或者设计误认为是专利技术或者专利设计；

1985 年	1992 年	2001 年	2010 年	2023 年
		第八十五条（新增） 下列行为属于以非专利产品冒充专利产品、以非专利方法冒充专利方法的行为： （一）制造或者销售标有专利标记的非专利产品； （二）专利权被宣告无效后，继续在制造或者销售的产品上标注专利标记； （三）在广告或者其他宣传材料中将非专利技术称为专利技术； （四）在合同中将非专利技术称为专利技术； （五）伪造或者变造专利证书、专利文件或者专利申请文件。	（四）伪造或者变造专利证书、专利文件或者专利申请文件； （五）其他使公众混淆，将未被授予专利权的技术或者设计误认为是专利技术或者专利设计的行为。 专利权终止前依法在专利产品、依照专利方法直接获得的产品或者其包装上标注专利标识，在专利权终止后许诺销售、销售该产品的，不属于假冒专利行为。 销售不知道是假冒专利的产品，并且能够证明该产品合法来源的，由管理专利工作的部门责令停止销售，但免除罚款的处罚。	（四）伪造或者变造专利证书、专利文件或者专利申请文件； （五）其他使公众混淆，将未被授予专利权的技术或者设计误认为是专利技术或者专利设计的行为。 专利权终止前依法在专利产品、依照专利方法直接获得的产品或者其包装上标注专利标识，在专利权终止后许诺销售、销售该产品的，不属于假冒专利行为。 销售不知道是假冒专利的产品，并且能够证明该产品合法来源的，由县级以上负责专利执法的部门责令停止销售。
	第七十八条（新增） 依照专利法第六十三		第八十五条 除专利法第六十条规	第一百零二条 除专利法第六十五条

<table>
<tr><td></td><td>条第二款的规定，对将非专利产品冒充专利产品的或者将非专利方法冒充专利方法的，专利管理机关可以视情节，责令停止冒充行为，消除影响，并处以一千元至五万元或者非法所得额一至三倍的罚款。</td><td></td><td>定的外，管理专利工作的部门应当事人请求，可以对下列专利纠纷进行调解：
（一）专利申请权和专利权归属纠纷；
（二）发明人、设计人资格纠纷；
（三）职务发明创造的发明人、设计人的奖励和报酬纠纷；
（四）在发明专利申请公布后专利权授予前使用发明而未支付适当费用的纠纷；
（五）其他专利纠纷。
对于前款第（四）项所列的纠纷，当事人请求管理专利工作的部门调解的，应当在专利权被授予之后提出。</td><td>规定的外，管理专利工作的部门应当事人请求，可以对下列专利纠纷进行调解：
（一）专利申请权和专利权归属纠纷；
（二）发明人、设计人资格纠纷；
（三）职务发明创造的发明人、设计人的奖励和报酬纠纷；
（四）在发明专利申请公布后专利权授予前使用发明而未支付适当费用的纠纷；
（五）其他专利纠纷。
对于前款第（四）项所列的纠纷，当事人请求管理专利工作的部门调解的，应当在专利权被授予之后提出。</td></tr>
<tr><td>第七十九条
属于跨部门或者跨地区的侵权纠纷，当事人请求专利管理机关处理的，应当由发生侵权行为地的专利管理机关或者侵权单位上级主管部门的专利管理机关处理。</td><td>第七十九条
属于跨部门或者跨地区的侵权纠纷，当事人请求专利管理机关处理的，由发生侵权行为地区的专利管理机关或者侵权单位上级主管部门的专利管理机关处理。</td><td>（删除）</td><td></td><td></td></tr>
<tr><td></td><td></td><td>第八十六条
当事人因专利申请权或者专利权的归属发生</td><td>第八十六条
当事人因专利申请权或者专利权的归属发生</td><td>第一百零三条
当事人因专利申请权或者专利权的归属发生</td></tr>
</table>

1985 年	1992 年	2001 年	2010 年	2023 年
		纠纷，已请求**管理专利工作的部门**处理或者向人民法院起诉的，可以请求**国务院专利行政部门**中止有关程序。 依照前款规定请求中止有关程序的，应当向**国务院专利行政部门**提交请求书，并附具**管理专利工作的部门**或者人民法院的有关受理文件**副本**。 **在管理专利工作的部门作出的处理决定或者人民法院作出的判决生效后，当事人应当向国务院专利行政部门办理恢复有关程序的手续。自请求中止之日起 1 年内，有关专利申请权或者专利权归属的纠纷未能结案，需要继续中止有关程序的，请求人应当在该期限内请求延长中**	纠纷，已请求管理专利工作的部门**调解**或者向人民法院起诉的，可以请求国务院专利行政部门中止有关程序。 依照前款规定请求中止有关程序的，应当向国务院专利行政部门提交请求书，并附具管理专利工作的部门或者人民法院的**写明申请号或者专利号**的有关受理文件副本。 管理专利工作的部门作出的**调解书**或者人民法院作出的判决生效后，**当事人**应当向国务院专利行政部门办理恢复有关程序的手续。自请求中止之日起 1 年内，有关专利申请权或者专利权归属的纠纷未能结案，需要继续中止有关程序的，请求人应当在该	纠纷，已请求管理专利工作的部门调解或者向人民法院起诉的，可以请求国务院专利行政部门中止有关程序。 依照前款规定请求中止有关程序的，应当向国务院专利行政部门提交请求书，**说明理由，**并附具管理专利工作的部门或者人民法院的写明申请号或者专利号的有关受理文件副本。**国务院专利行政部门认为当事人提出的中止理由明显不能成立的，可以不中止有关程序。** 管理专利工作的部门作出的调解书或者人民法院作出的判决生效后，当事人应当向国务院专利行政部门办理恢复有关程序的手续。自请求中止之日起 1 年内，

		止。期满未请求延长的，国务院专利行政部门自行恢复有关程序。	期限内请求延长中止。期满未请求延长的，国务院专利行政部门自行恢复有关程序。	有关专利申请权或者专利权归属的纠纷未能结案，需要继续中止有关程序的，请求人应当在该期限内请求延长中止。期满未请求延长的，国务院专利行政部门自行恢复有关程序。
		第八十七条（新增） **人民法院在审理民事案件中裁定对专利权采取保全措施的，国务院专利行政部门在协助执行时中止被保全的专利权的有关程序。保全期限届满，人民法院没有裁定继续采取保全措施的，国务院专利行政部门自行恢复有关程序。**	**第八十七条** 人民法院在审理民事案件中裁定对**专利申请权或者**专利权采取保全措施的，国务院专利行政部门**应当在收到写明申请号或者专利号的裁定书和协助执行通知书之日**中止被保全的**专利申请权**或者专利权的有关程序。保全期限届满，人民法院没有裁定继续采取保全措施的，国务院专利行政部门自行恢复有关程序。	**第一百零四条** 人民法院在审理民事案件中裁定对专利申请权或者专利权采取保全措施的，国务院专利行政部门应当在收到写明申请号或者专利号的裁定书和协助执行通知书之日中止被保全的专利申请权或者专利权的有关程序。保全期限届满，人民法院没有裁定继续采取保全措施的，国务院专利行政部门自行恢复有关程序。

1985 年	1992 年	2001 年	2010 年	2023 年
			第八十八条（新增） **国务院专利行政部门根据本细则第八十六条和第八十七条规定中止有关程序，是指暂停专利申请的初步审查、实质审查、复审程序，授予专利权程序和专利权无效宣告程序；暂停办理放弃、变更、转移专利权或者专利申请权手续，专利权质押手续以及专利权期限届满前的终止手续等。**	**第一百零五条** 国务院专利行政部门根据本细则第**一百零三**条和第**一百零四**条规定中止有关程序，是指暂停专利申请的初步审查、实质审查、复审程序，授予专利权程序和专利权无效宣告程序；暂停办理放弃、变更、转移专利权或者专利申请权手续，专利权质押手续以及专利权期限届满前的终止手续等。
第八章　专利登记和专利公报	**第八章　专利登记和专利公报**	**第八章　专利登记和专利公报**	**第八章　专利登记和专利公报**	**第九章　专利登记和专利公报**
第八十条 专利局设置专利登记簿，登记下列专利权有关事项： （一）专利权的授予； （二）专利权的转让；	**第八十条** 专利局设置专利登记簿，登记下列专利权有关事项： （一）专利权的授予； （二）专利权的转让	**第八十八条** **国务院专利行政部**门设置专利登记簿，登记下列**与专利申请和专**利权有关的事项： （一）专利权的授予；	**第八十九条** 国务院专利行政部门设置专利登记簿，登记下列与专利申请和专利权有关的事项： （一）专利权的授予；	**第一百零六条** 国务院专利行政部门设置专利登记簿，登记下列与专利申请和专利权有关的事项： （一）专利权的授予；

（三）专利权期限的续展； （四）专利权的终止和无效； （五）专利实施的强制许可； （六）专利权人的姓名或者名称、国籍和地址的变更。	**和继承；** （三）专利权**的撤销**和无效**宣告**； （四）专利权的终止； （五）**专利权的恢复**； （六）专利实施的强制许可； （七）专利权人的姓名或者名称、国籍和地址的变更。	（二）**专利申请权、专利权的转移**； （三）**专利权的质押、保全及其解除；** （四）**专利实施许可合同的备案；** （五）专利权的无效宣告； （六）专利权的终止； （七）专利权的恢复； （八）专利实施的强制许可； （九）专利权人的姓名或者名称、国籍和地址的变更。	（二）专利申请权、专利权的转移； （三）专利权的质押、保全及其解除； （四）专利实施许可合同的备案； （五）专利权的无效宣告； （六）专利权的终止； （七）专利权的恢复； （八）专利实施的强制许可； （九）专利权人的姓名或者名称、国籍和地址的变更。	（二）专利申请权、专利权的转移； （三）专利权的质押、保全及其解除； （四）专利实施许可合同的备案； **（五）国防专利、保密专利的解密；** **（六）**专利权的无效宣告； **（七）**专利权的终止； **（八）**专利权的恢复； **（九）专利权期限的补偿；** **（十）专利实施的开放许可；** **（十一）**专利实施的强制许可； **（十二）**专利权人的姓名或者名称、国籍和地址的变更。
第八十一条 专利局定期出版专利公报，公布或者公告下列内容：	**第八十一条** 专利局定期出版专利公报，公布或者公告下列内容：	**第八十九条** **国务院专利行政部**门定期出版专利公报，公布或者公告下列内容：	**第九十条** 国务院专利行政部门定期出版专利公报，公布或者公告下列内容：	**第一百零七条** 国务院专利行政部门定期出版专利公报，公布或者公告下列内容：

1985年	1992年	2001年	2010年	2023年
（一）专利申请请求书中记载的著录事项； （二）发明或者实用新型说明书的摘要； （三）对发明专利申请的实质审查请求和专利局对该项申请自行进行实质审查的决定； （四）发明专利申请的审定和实用新型、外观设计专利申请的公告； （五）专利申请的驳回； （六）异议的审查决定和对专利申请的修改； （七）专利权的授予； （八）专利权的终止； （九）专利权的无效宣告； （十）专利权的转让； （十一）专利实施的强制许可的给予； （十二）专利权期限的续展；	（一）专利申请中记载的著录事项； （二）发明或者实用新型说明书的摘要，**外观设计的图片或者照片及其简要说明；** （三）发明专利申请的实质审查请求和专利局对**发明专利**申请自行进行实质审查的决定； （四）**保密专利的解密；** （五）发明专利申请**公布后**的驳回、**撤回和视为撤回；** （六）**发明专利申请公布后的专利申请权转让和继承；** （七）专利权的授予； （八）专利权的**撤销**和无效宣告； （九）专利权的终止； （十）专利权的转让**和继承；**	（一）专利申请中记载的著录事项； （二）发明或者实用新型说明书的摘要，外观设计的图片或者照片及其简要说明； （三）发明专利申请的实质审查请求和**国务院专利行政部门**对发明专利申请自行进行实质审查的决定； （四）保密专利的解密； （五）发明专利申请公布后的驳回、撤回和视为撤回； （六）专利权的授予； （七）专利权的无效宣告； （八）专利权的终止； （九）**专利申请权、**专利权的转移； （十）**专利实施许可合同的备案；**	**（一）发明**专利申请的著录事项**和说明书摘要；** （二）发明专利申请的实质审查请求和国务院专利行政部门对发明专利申请自行进行实质审查的决定； （三）发明专利申请公布后的驳回、撤回、视为撤回、**视为放弃、**恢复和转移； （四）专利权的授予**以及专利权的著录事项；** （五）发明或者实用新型专利的说明书摘要，外观设计**专利的一幅**图片或者照片； （六）**国防专利、**保密专利的解密； （七）专利权的无效宣告； （八）专利权的终止、恢复； （九）专利权的转移；	（一）发明专利申请的著录事项和说明书摘要； （二）发明专利申请的实质审查请求和国务院专利行政部门对发明专利申请自行进行实质审查的决定； （三）发明专利申请公布后的驳回、撤回、视为撤回、视为放弃、恢复和转移； （四）专利权的授予以及专利权的著录事项； （五）实用新型专利的说明书摘要，外观设计专利的一幅图片或者照片； （六）国防专利、保密专利的解密； （七）专利权的无效宣告； （八）专利权的终止、恢复； **（九）专利权期限的补偿；**

<table>
<tr>
<td>（十三）专利申请的撤回、视为撤回和放弃；
（十四）专利权人的姓名或者名称、地址的变更；
（十五）对地址不明的申请人的通知；
（十六）其他有关事项。
发明或者实用新型说明书及其附图、权利要求书和外观设计专利申请的图片或者照片，另行全文出版。</td>
<td>（十一）专利实施的强制许可的给予；
（十二）专利申请或者专利权的恢复；
（十三）专利权人的姓名或者名称、地址的变更；
（十四）对地址不明的申请人的通知；
（十五）其他有关事项。
发明或者实用新型的说明书及其附图、权利要求书另行全文出版。</td>
<td>（十一）专利权的质押、保全及其解除；
（十二）专利实施的强制许可的给予；
（十三）专利申请或者专利权的恢复；
（十四）专利权人的姓名或者名称、地址的变更；
（十五）对地址不明的当事人的通知；
（十六）国务院专利行政部门作出的更正；
（十七）其他有关事项。
发明或者实用新型的说明书及其附图、权利要求书由国务院专利行政部门另行全文出版。</td>
<td>（十）专利实施许可合同的备案；
（十一）专利权的质押、保全及其解除；
（十二）专利实施的强制许可的给予；
（十三）专利权人的姓名或者名称、地址的变更；
（十四）文件的公告送达；
（十五）国务院专利行政部门作出的更正；
（十六）其他有关事项。

第九十一条
国务院专利行政部门应当提供专利公报、发明专利申请单行本以及发明专利、实用新型专</td>
<td>（十）专利权的转移；
（十一）专利实施许可合同的备案；
（十二）专利权的质押、保全及其解除；
（十三）专利实施的开放许可事项；
（十四）专利实施的强制许可的给予；
（十五）专利权人的姓名或者名称、国籍和地址的变更；
（十六）文件的公告送达；
（十七）国务院专利行政部门作出的更正；
（十八）其他有关事项。

第一百零八条
国务院专利行政部门应当提供专利公报、发明专利申请单行本以及发明专利、实用新型专</td>
</tr>
</table>

1985 年	1992 年	2001 年	2010 年	2023 年
			利、外观设计专利单行本，供公众免费查阅。	利、外观设计专利单行本，供公众免费查阅。
			第九十二条（新增） **国务院专利行政部门负责按照互惠原则与其他国家、地区的专利机关或者区域性专利组织交换专利文献。**	**第一百零九条** 国务院专利行政部门负责按照互惠原则与其他国家、地区的专利机关或者区域性专利组织交换专利文献。
第九章　费　用	**第九章　费　用**	**第九章　费　用**	**第九章　费　用**	**第十章　费　用**
第八十二条 向专利局申请专利和办理其他手续时，应当按照情况缴纳下列费用： （一）申请费和申请维持费； （二）审查费、复审费和异议费； （三）年费； （四）办理其他专利事务手续费：专利权期限续展费、著录事项变更	**第八十二条** 向专利局申请专利和办理其他手续时，应当缴纳下列费用： （一）申请费、申请维持费； （二）审查费、复审费； （三）年费； （四）著录事项变更费、优先权要求费、**恢复权利请求费、撤销请求**	**第九十条** 向**国务院专利行政部门**申请专利和办理其他手续时，应当缴纳下列费用： （一）申请费、**申请附加费、公布印刷费**； （二）**发明专利申请实质**审查费、复审费； （三）**专利登记费、公告印刷费**、申请维持费、年费；	**第九十三条** 向国务院专利行政部门申请专利和办理其他手续时，应当缴纳下列费用： （一）申请费、申请附加费、公布印刷费、优先权要求费； （二）发明专利申请实质审查费、复审费； （三）专利登记费、公告印刷费、年费；	**第一百一十条** 向国务院专利行政部门申请专利和办理其他手续时，应当缴纳下列费用： （一）申请费、申请附加费、公布印刷费、优先权要求费； （二）发明专利申请实质审查费、复审费； （三）年费； （四）恢复权利请求

<table>
<tr>
<td>费、专利证书费、优先权证明费、无效宣告请求费、强制许可请求费和强制许可使用费的裁决请求费。
上述各种费用数额，由专利局另行规定。</td>
<td>费、无效宣告请求费、强制许可请求费、强制许可使用费的裁决请求费，专利登记费以及规定的附加费。
前款所列各种费用的数额，由国务院有关主管部门会同专利局另行规定。</td>
<td>（四）著录事项变更费、优先权要求费、恢复权利请求费、延长期限请求费、实用新型专利检索报告费；
（五）无效宣告请求费、中止程序请求费、强制许可请求费、强制许可使用费的裁决请求费。
前款所列各种费用的缴纳标准，由国务院价格管理部门会同国务院专利行政部门规定。</td>
<td>（四）恢复权利请求费、延长期限请求费；
（五）著录事项变更费、专利权评价报告请求费、无效宣告请求费。
前款所列各种费用的缴纳标准，由国务院价格管理部门、财政部门会同国务院专利行政部门规定。</td>
<td>费、延长期限请求费；
（五）著录事项变更费、专利权评价报告请求费、无效宣告请求费、专利文件副本证明费。
前款所列各种费用的缴纳标准，由国务院发展改革部门、财政部门会同国务院专利行政部门按照职责分工规定。国务院财政部门、发展改革部门可以会同国务院专利行政部门根据实际情况对申请专利和办理其他手续应当缴纳的费用种类和标准进行调整。</td>
</tr>
<tr>
<td>第八十三条
专利法和本细则规定的各种费用，可以通过邮局或者银行汇付，也可以直接向专利局缴纳。
通过邮局或者银行汇付的，应当在汇单上写明费用名称、发明创造</td>
<td>第八十三条
专利法和本细则规定的各种费用，可以直接向专利局缴纳，也可以通过邮局或者银行汇付，但是不得使用电汇。
通过邮局或者银行汇付的，应当写明申请号</td>
<td>第九十一条
专利法和本细则规定的各种费用，可以直接向国务院专利行政部门缴纳，也可以通过邮局或者银行汇付，或者以国务院专利行政部门规定的其他方式缴纳。</td>
<td>第九十四条
专利法和本细则规定的各种费用，可以直接向国务院专利行政部门缴纳，也可以通过邮局或者银行汇付，或者以国务院专利行政部门规定的其他方式缴纳。</td>
<td>第一百一十一条
专利法和本细则规定的各种费用，应当严格按照规定缴纳。
直接向国务院专利行政部门缴纳费用的，以缴纳当日为缴费日；以邮局汇付方式缴纳费用</td>
</tr>
</table>

1985 年	1992 年	2001 年	2010 年	2023 年
的名称、申请号或者专利号。没有申请号或者专利号的，应当注明提出申请的日期。 通过邮局或者银行汇付费用的，以费用汇出日为缴款日。	或者专利号、**申请人或者专利权人的姓名或名称**、费用名称及发明创造名称。 通过邮局或者银行汇付的，以汇出日为缴费日。**但是，自汇出日至专利局收到日超过十五日的，除邮局、银行出具证明外，以专利局收到日为缴费日。** **不符合本条第二款规定的，视为未办理缴费手续。** **多缴、重缴、错缴专利费用的，当事人可以向专利局提出退款请求，但是该请求应当自缴费日起一年内提出。**	通过邮局或者银行汇付的，应当**在送交国务院专利行政部门的汇单上写明正确的**申请号或者专利号**以及缴纳的**费用名称。**不符合本款规定的，视为未办理缴费手续。** **直接向国务院专利行政部门缴纳费用的，以缴纳当日为缴费日。**以**邮局**汇付方式缴纳费用的，以**邮局**汇出的**邮**戳日为缴费日。**以银行汇付方式缴纳费用的，以银行实际汇出日为缴费日**；但是，自汇出日至**国务院**专利**行政部门**收到日超过**15**日的，除邮局**或者**银行出具证明外，以**国务院专利行政部门**收到日为缴费日。 多缴、重缴、错缴专利费用的，当事人可以	通过邮局或者银行汇付的，应当在送交国务院专利行政部门的汇单上写明正确的申请号或者专利号以及缴纳的费用名称。不符合本款规定的，视为未办理缴费手续。 直接向国务院专利行政部门缴纳费用的，以缴纳当日为缴费日；以邮局汇付方式缴纳费用的，以邮局汇出的邮戳日为缴费日；以银行汇付方式缴纳费用的，以银行实际汇出日为缴费日。 多缴、重缴、错缴专利费用的，当事人可以自缴费日起**3**年内，向国务院专利行政部门提出退款请求，**国务院专利行政部门应当予以退还。**	的，以邮局汇出的邮戳日为缴费日；以银行汇付方式缴纳费用的，以银行实际汇出日为缴费日。 多缴、重缴、错缴专利费用的，当事人可以自缴费日起 3 年内，向国务院专利行政部门提出退款请求，国务院专利行政部门应当予以退还。

		自缴费日起1年内，向国务院专利行政部门提出退款请求。		
第八十四条 申请专利未按时缴纳或者未缴足申请费的，申请人可以自提交申请之日起一个月内缴纳或者缴足；期满未缴纳或者未缴足的，其申请被视为撤回。	第八十四条 申请人**应当在收到受理通知书后，最迟自**申请之日起**二个月内**缴纳申请费；期满未缴纳或者未缴足的，其申请被视为撤回。 **申请人要求优先权的，应当在缴纳申请费的同时缴纳优先权要求费；期满未缴纳或者未缴足的，视为未要求优先权。**	第九十二条 申请人应当在收到受理通知书后，最迟自申请之日起**2**个月内缴纳申请费、**公布印刷费和必要的附加费**；期满未缴纳或者未缴足的，其申请视为撤回。 申请人要求优先权的，应当在缴纳申请费的同时缴纳优先权要求费；期满未缴纳或者未缴足的，视为未要求优先权。	第九十五条 申请人应当自申请日起2个月内或者在收到受理通知书**之日起15日**内缴纳申请费、公布印刷费和必要的**申请**附加费；期满未缴纳或者未缴足的，其申请视为撤回。 申请人要求优先权的，应当在缴纳申请费的同时缴纳优先权要求费；期满未缴纳或者未缴足的，视为未要求优先权。	第一百一十二条 申请人应当自申请日起2个月内或者在收到受理通知书之日起15日内缴纳申请费、公布印刷费和必要的申请附加费；期满未缴纳或者未缴足的，其申请视为撤回。 申请人要求优先权的，应当在缴纳申请费的同时缴纳优先权要求费；期满未缴纳或者未缴足的，视为未要求优先权。
第八十五条 申请人请求实质审查或者请求复审，任何人提出异议或者请求宣告专利权无效，未按规定缴纳费用的，可以在自提出请求或者异议之日	第八十五条 **当事人**请求实质审查、**恢复权利**、复审或者**请求撤销专利权的，应当在专利法及本细则规定的相关期限内缴纳费用**；期满未缴纳**或者未缴足的**，	第九十三条 当事人请求实质审查、恢复权利或者复审的，应当在专利法及本细则规定的相关期限内缴纳费用；期满未缴纳或者未缴足的，视为未提出请求。	第九十六条 当事人请求实质审查或者复审的，应当在专利法及本细则规定的相关期限内缴纳费用；期满未缴纳或者未缴足的，视为未提出请求。	第一百一十三条 当事人请求实质审查或者复审的，应当在专利法及本细则规定的相关期限内缴纳费用；期满未缴纳或者未缴足的，视为未提出请求。

1985 年	1992 年	2001 年	2010 年	2023 年
起十五天内缴纳，但缴费日不得超过专利法规定请求实质审查、复审或者提出异议的期限；期满未缴纳的，被视为未提出请求或者异议。	视为未提出请求。			
第八十六条 发明专利申请人自申请日起满二年尚未被授予专利权的，自第三年度起每年缴纳申请维持费。第一次申请维持费应当在第三年度的第一个月内缴纳，以后的申请维持费应当在前一年度期满前一个月内预缴。	**第八十六条** 发明专利申请人自申请日起满二年尚未被授予专利权的，自第三年度起每年缴纳申请维持费。第一次申请维持费应当在第三年度的第一个月内缴纳，以后的申请维持费应当在前一年度期满前一个月内预缴。	**第九十四条** 发明专利申请人自申请日起满 **2** 年尚未被授予专利权的，自第三年度起应当缴纳申请维持费。	（删除）	
第八十七条 第一次年费应当于领取专利证书时缴纳。在授予专利权时已经缴纳当年申请维持费的，专利权人应当按照当年年	**第八十七条** **申请人办理登记手续时，应当缴纳专利登记费和授予专利权当年的年费。**授予专利权当年已缴纳申请维持费的，	**第九十五条** 申请人办理登记手续时，应当缴纳专利登记费、**公告印刷费**和授予专利权当年的年费。**发明专利申请人应当一并**	**第九十七条** 申请人办理登记手续时，应当缴纳专利登记费、公告印刷费和授予专利权当年的年费；期满未缴纳或者未缴足的，视	**第一百一十四条** 申请人办理登记手续时，应当缴纳授予专利权当年的年费；期满未缴纳或者未缴足的，视为未办理登记手续。

费数额补缴差额。以后的年费应当在前一年度期满前一个月内预缴。	**不再缴纳当年的年费。期满未缴纳费用的，视为未办理登记手续。**以后的年费应当在前一年度期满前一个月内预缴。	**缴纳各个年度的申请维持费，授予专利权的当年不包括在内。**期满未缴纳费用的，视为未办理登记手续。以后的年费应当在前一年度期满前一个月内预缴。	为未办理登记手续。	
第八十八条 申请人或者专利权人未按时缴纳申请维持费或者年费，以及缴纳的申请维持费或者年费数额不足的，专利局应当通知申请人在应当缴纳申请维持费或者年费期满之日起六个月内补缴，同时缴纳金额为申请维持费或者年费的25%滞纳金；期满未缴纳的，自应当缴纳申请维持费或者年费期满日起，其申请被视为撤回或者专利权终止。	**第八十八条** 申请人或者专利权人未按时缴纳申请维持费**或者授予专利权当年以后的**年费，或者缴纳的数额不足的，专利局应当通知申请人自应当缴纳申请维持费或者年费期满之日起六个月内补缴，同时缴纳金额为申请维持费或者年费的25%滞纳金；期满未缴纳的，自应当缴纳申请维持费或者年费期满日起，其申请被视为撤回或者专利权终止。	**第九十六条** 专利权人未按时缴纳授予专利权当年以后的年费或者缴纳的数额不足的，**国务院专利行政部门**应当通知专利权人自应当缴纳年费期满之日起**6**个月内补缴，同时缴纳**滞纳金；滞纳金的金额按照每超过规定的缴费时间1个月，加收当年全额年费的5%计算**；期满未缴纳的，专利权自应当缴纳年费期满之日起终止。	**第九十八条** **授予专利权当年**以后的年费应当在**上一年度期满前缴纳。**专利权**人未缴纳或者未缴足的，**国务院专利行政部门应当通知专利权人自应当缴纳年费期满之日起6个月内补缴，同时缴纳滞纳金；滞纳金的金额按照每超过规定的缴费时间1个月，加收当年全额年费的5%计算；期满未缴纳的，专利权自应当缴纳年费期满之日起终止。	**第一百一十五条** 授予专利权当年以后的年费应当在上一年度期满前缴纳。专利权人未缴纳或者未缴足的，国务院专利行政部门应当通知专利权人自应当缴纳年费期满之日起6个月内补缴，同时缴纳滞纳金；滞纳金的金额按照每超过规定的缴费时间1个月，加收当年全额年费的5%计算；期满未缴纳的，专利权自应当缴纳年费期满之日起终止。

1985 年	1992 年	2001 年	2010 年	2023 年
第八十九条 依照专利法第四十五条第二款规定，申请续展实用新型或者外观设计专利权期限的，应当在专利权期满前六个月内提出请求，并且缴纳续展费；期满未缴纳续展费的，被视为未提出请求。	（删除）			
	第八十九条 **著录事项变更费、强制许可请求费、强制许可使用费的裁决请求费、无效宣告请求费应当自提出请求之日起一个月内，按照规定缴纳；期满未缴纳或者未缴足的，视为未提出请求。**	**第九十七条** 著录事项变更费、**实用新型专利检索报告费、中止程序请求费**、强制许可请求费、强制许可使用费的裁决请求费、无效宣告请求费应当自提出请求之日起 1 个月内，按照规定缴纳；**延长期限请求费应当在相应期限届满之日前缴纳**；期满未缴纳或者未缴足的，视为未提出请求。	**第九十九条** **恢复权利请求费应当在本细则规定的相关期限内缴纳；期满未缴纳或者未缴足的，视为未提出请求。** 延长期限请求费应当在相应期限届满之日前缴纳；期满未缴纳或者未缴足的，视为未提出请求。 著录事项变更费、**专利权评价报告请求费**、无	**第一百一十六条** 恢复权利请求费应当在本细则规定的相关期限内缴纳；期满未缴纳或者未缴足的，视为未提出请求。 延长期限请求费应当在相应期限届满之日前缴纳；期满未缴纳或者未缴足的，视为未提出请求。 著录事项变更费、专利权评价报告请求费、无

			效宣告请求费应当自提出请求之日起 1 个月内缴纳；期满未缴纳或者未缴足的，视为未提出请求。	效宣告请求费应当自提出请求之日起 1 个月内缴纳；期满未缴纳或者未缴足的，视为未提出请求。
第九十条 个人申请专利和办理其他手续，缴纳本细则第八十二条规定的各种费用有困难的，可以按规定向专利局提出减缴或者缓缴的请求。 减缴或者缓缴的办法由专利局另行规定。	**第九十条** 申请专利和办理其他手续，缴纳本细则第八十二条规定的各种费用有困难的，可以按**照**规定向专利局提出减缴或者缓缴的请求。减缴或者缓缴的办法由专利局另行规定。	**第九十八条** **申请人或者专利权**人缴纳本细则规定的各种费用有困难的，可以按照规定向**国务院专利行政部门**提出减缴或者缓缴的请求。减缴或者缓缴的办法由**国务院专利行政部门商国务院财政部门、国务院价格管理部门**规定。	**第一百条** 申请人或者专利权人缴纳本细则规定的各种费用有困难的，可以按照规定向国务院专利行政部门提出减缴或者缓缴的请求。减缴或者缓缴的办法由国务院财政部门**会同**国务院价格管理部门、国务院专利行政部门规定。	**第一百一十七条** 申请人或者专利权人缴纳本细则规定的各种费用有困难的，可以按照规定向国务院专利行政部门提出减缴的请求。减缴的办法由国务院财政部门会同国务院**发展改革**部门、国务院专利行政部门规定。
		第十章　关于国际申请的特别规定（新增）	**第十章　关于国际申请的特别规定**	**第十一章　关于发明、实用新型国际申请的特别规定**
		第九十九条 **国务院专利行政部门根据专利法第二十条规**	**第一百零一条** 国务院专利行政部门根据专利法第二十条规	**第一百一十八条** 国务院专利行政部门根据专利法第十九条规

1985 年	1992 年	2001 年	2010 年	2023 年
		定，受理按照专利合作条约提出的专利国际申请。 按照专利合作条约提出并指定中国的专利国际申请（以下简称国际申请）进入中国国家阶段的条件和程序适用本章的规定；本章没有规定的，适用专利法及本细则其他各章的有关规定。	定，受理按照专利合作条约提出的专利国际申请。 按照专利合作条约提出并指定中国的专利国际申请（以下简称国际申请）进入**国务院专利行政部门处理阶段（以下称进入中国国家阶段）**的条件和程序适用本章的规定；本章没有规定的，适用专利法及本细则其他各章的有关规定。	定，受理按照专利合作条约提出的专利国际申请。 按照专利合作条约提出并指定中国的专利国际申请（以下简称国际申请）进入国务院专利行政部门处理阶段（以下称进入中国国家阶段）的条件和程序适用本章的规定；本章没有规定的，适用专利法及本细则其他各章的有关规定。
		第一百条（新增） 按照专利合作条约已确定国际申请日并指定中国的国际申请，视为向国务院专利行政部门提出的专利申请，该国际申请日视为专利法第二十八条所称的申请日。 在国际阶段，国际申请或者国际申请中对中国的指定撤回或者视为	第一百零二条 按照专利合作条约已确定国际申请日并指定中国的国际申请，视为向国务院专利行政部门提出的专利申请，该国际申请日视为专利法第二十八条所称的申请日。	第一百一十九条 按照专利合作条约已确定国际申请日并指定中国的国际申请，视为向国务院专利行政部门提出的专利申请，该国际申请日视为专利法第二十八条所称的申请日。

		撤回的，该国际申请在中国的效力终止。		
		第一百零一条（新增） 国际申请的申请人应当在专利合作条约第二条所称的优先权日（本章简称“优先权日”）起30个月内，向国务院专利行政部门办理国际申请进入中国国家阶段的下列手续： （一）提交其国际申请进入中国国家阶段的书面声明。声明中应当写明国际申请号，并以中文写明要求获得的专利权类型、发明创造的名称、申请人姓名或者名称、申请人的地址和发明人的姓名，上述内容应当与国际局的记录一致； （二）缴纳本细则第九十条第一款规定的申请费、申请附加费和公布	第一百零三条 国际申请的申请人应当在专利合作条约第二条所称的优先权日（本章简称优先权日）起30个月内，向国务院专利行政部门办理进入中国国家阶段的手续；申请人未在该期限内办理该手续的，在缴纳宽限费后，可以在自优先权日起32个月内办理进入中国国家阶段的手续。	第一百二十条 国际申请的申请人应当在专利合作条约第二条所称的优先权日（本章简称优先权日）起30个月内，向国务院专利行政部门办理进入中国国家阶段的手续；申请人未在该期限内办理该手续的，在缴纳宽限费后，可以在自优先权日起32个月内办理进入中国国家阶段的手续。
			第一百零四条 申请人依照本细则第一百零三条的规定办理进入中国国家阶段的手续的，应当符合下列要求： （一）以中文提交进入中国国家阶段的书面声明，写明国际申请号和	第一百二十一条 申请人依照本细则第一百二十条的规定办理进入中国国家阶段的手续的，应当符合下列要求： （一）以中文提交进入中国国家阶段的书面声明，写明国际申请号和

1985 年	1992 年	2001 年	2010 年	2023 年
		印刷费； （三）国际申请以中文以外的文字提出的，应当提交原始国际申请的说明书、权利要求书、附图中的文字和摘要的中文译文；国际申请以中文提出的，应当提交国际公布文件中的摘要副本； （四）国际申请有附图的，应当提交附图副本。国际申请以中文提出的，应当提交国际公布文件中的摘要附图副本。 申请人在前款规定的期限内未办理进入中国国家阶段手续的，在缴纳宽限费后，可以在自优先权日起32个月的相应期限届满前办理。	要求获得的专利权类型； （二）缴纳本细则第九十三条第一款规定的申请费、公布印刷费，必要时缴纳本细则第一百零三条规定的宽限费； （三）国际申请以外文提出的，提交原始国际申请的说明书和权利要求书的中文译文； （四）在进入中国国家阶段的书面声明中写明发明创造的名称，申请人姓名或者名称、地址和发明人的姓名，上述内容应当与世界知识产权组织国际局（以下简称国际局）的记录一致；国际申请中未写明发明人的，在上述声明中写明发明人的姓名； （五）国际申请以外文提出的，提交摘要的中文译文，有附图和摘要	要求获得的专利权类型 （二）缴纳本细则第一百一十条第一款规定的申请费、公布印刷费，必要时缴纳本细则第一百二十条规定的宽限费； （三）国际申请以外文提出的，提交原始国际申请的说明书和权利要求书的中文译文； （四）在进入中国国家阶段的书面声明中写明发明创造的名称，申请人姓名或者名称、地址和发明人的姓名，上述内容应当与世界知识产权组织国际局（以下简称国际局）的记录一致；国际申请中未写明发明人的，在上述声明中写明发明人的姓名； （五）国际申请以外文提出的，提交摘要的中文译文，有附图和摘要

			附图的，提交附图副本和摘要附图副本。附图中有文字的，将其替换为对应的中文文字；国际申请以中文提出的，提交国际公布文件中的摘要和摘要附图副本； （六）**在**国际阶段向国际局已办理申请人变更手续的，提供变更后的申请人享有申请权的证明材料； （七）**必要时缴纳本细则第九十三条第一款规定的申请附加费。** **符合本条第一款第（一）项至第（三）项要求的，国务院专利行政部门应当给予申请号，明确国际申请进入中国国家阶段的日期（以下简称进入日），并通知申请人其国际申请已进入中国国家阶段。** **国际申请已进入中国**	附图的，提交附图副本**并指定**摘要附图，附图中有文字的，将其替换为对应的中文文字； （六）在国际阶段向国际局已办理申请人变更手续的，**必要时**提供变更后的申请人享有申请权的证明材料； （七）必要时缴纳本细则第**一百一十**条第一款规定的申请附加费。 符合本条第一款第（一）项至第（三）项要求的，国务院专利行政部门应当给予申请号，明确国际申请进入中国国家阶段的日期（以下简称进入日），并通知申请人其国际申请已进入中国国家阶段。 国际申请已进入中国国家阶段，但不符合本条第一款第（四）项至第（七）项要求的，国

1985 年	1992 年	2001 年	2010 年	2023 年
			国家阶段，但不符合本条第一款第（四）项至第（七）项要求的，国务院专利行政部门应当通知申请人在指定期限内补正；期满未补正的，其申请视为撤回。	务院专利行政部门应当通知申请人在指定期限内补正；期满未补正的，其申请视为撤回。
		第一百零二条（新增） 申请人在本细则第一百零一条第二款规定的期限内未办理进入中国国家阶段手续，或者在该期限届满时有下列情形之一的，其国际申请在中国的效力终止： （一）进入中国国家阶段声明中未写明国际申请号的； （二）未缴纳本细则第九十条第一款规定的申请费、公布印刷费和本细则第一百零一条第二款规定的宽限费的；	第一百零五条 国际申请有下列情形之一的，其在中国的效力终止： （一）在国际阶段，国际申请被撤回或者被视为撤回，或者国际申请对中国的指定被撤回的； （二）申请人未在优先权日起32个月内按照本细则第一百零三条规定办理进入中国国家阶段手续的； （三）申请人办理进入中国国家阶段的手续，但自优先权日起32个月	第一百二十二条 国际申请有下列情形之一的，其在中国的效力终止： （一）在国际阶段，国际申请被撤回或者被视为撤回，或者国际申请对中国的指定被撤回的； （二）申请人未在优先权日起32个月内按照本细则第一百二十条规定办理进入中国国家阶段手续的； （三）申请人办理进入中国国家阶段的手续，但自优先权日起32个月

		（三）国际申请以中文以外的文字提出而未提交原始国际申请的说明书和权利要求书的中文译文的。 国际申请在中国的效力已经终止的，不适用本细则第七条第二款的规定。	期限届满仍不符合本细则第一百零四条第（一）项至第（三）项要求的。 依照前款第（一）项的规定，国际申请在中国的效力终止的，不适用本细则第六条的规定；依照前款第（二）项、第（三）项的规定，国际申请在中国的效力终止的，不适用本细则第六条第二款的规定。	期限届满仍不符合本细则第一百二十一条第（一）项至第（三）项要求的。 依照前款第（一）项的规定，国际申请在中国的效力终止的，不适用本细则第六条的规定；依照前款第（二）项、第（三）项的规定，国际申请在中国的效力终止的，不适用本细则第六条第二款的规定。
		第一百零三条（新增） 申请人办理进入中国国家阶段手续时有下列情形之一的，国务院专利行政部门应当通知申请人在指定期限内补正： （一）未提交摘要的中文译文或者摘要副本的； （二）未提交附图副本或者摘要附图副本的； （三）未在进入中国	（该条经修改后并入本细则的第一百零四条）	

1985 年	1992 年	2001 年	2010 年	2023 年
		国家阶段声明中以中文写明发明创造的名称、申请人姓名或者名称、申请人的地址和发明人的姓名的； （四）进入中国国家阶段声明的内容或者格式不符合规定的。 期限届满申请人未补正的，其申请视为撤回。		
		第一百零四条（新增） 国际申请在国际阶段作过修改，申请人要求以经修改的申请文件为基础进行审查的，申请人应当在国务院专利行政部门作好国家公布的准备工作前提交修改的中文译文。在该期间内未提交中文译文的，对申请人在国际阶段提出的修改，国务院专利行政部门不予考虑。	**第一百零六条** 国际申请在国际阶段作过修改，申请人要求以经修改的申请文件为基础进行审查的，应当自进入日起2个月内提交修改部分的中文译文。在该期间内未提交中文译文的，对申请人在国际阶段提出的修改，国务院专利行政部门不予考虑。	**第一百二十三条** 国际申请在国际阶段作过修改，申请人要求以经修改的申请文件为基础进行审查的，应当自进入日起2个月内提交修改部分的中文译文。在该期间内未提交中文译文的，对申请人在国际阶段提出的修改，国务院专利行政部门不予考虑。

		第一百零五条（新增） **申请人办理进入中国国家阶段手续时，还应当满足下列要求：** **（一）国际申请中未指明发明人的，在进入中国国家阶段声明中指明发明人姓名；** **（二）国际阶段向国际局已办理申请人变更手续的，应当提供变更后的申请人享有申请权的证明材料；** **（三）申请人与作为优先权基础的在先申请的申请人不是同一人，或者提出在先申请后更改姓名的，必要时，应当提供申请人享有优先权的证明材料；** **（四）国际申请涉及的发明创造有专利法第二十四条第（一）项或者第（二）项所列情形之一，在提出国际申请时**	**第一百零七条** 国际申请涉及的发明创造有专利法第二十四条第（一）项或者第（二）项所列情形之一，在提出国际申请时作过声明的，**申请人**应当在进入中国国家阶段的**书面**声明中予以说明，并自**进入**日起2个月内提交本细则第三十条第三款规定的有关证明文件；**未予说明或者期满未提交证明文件的**，其申请不适用专利法第二十四条的规定。	**第一百二十四条** 国际申请涉及的发明创造有专利法第二十四条第**（二）**项或者第**（三）**项所列情形之一，在提出国际申请时作过声明的，申请人应当在进入中国国家阶段的书面声明中予以说明，并自进入日起2个月内提交本细则第**三十三**条第三款规定的有关证明文件；未予说明或者期满未提交证明文件的，其申请不适用专利法第二十四条的规定。

1985 年	1992 年	2001 年	2010 年	2023 年
		作过声明的，应当在进入中国国家阶段声明中予以说明，并自办理进入中国国家阶段手续之日起二个月内提交本细则第三十一条第二款规定的有关证明文件。 申请人未满足前款第（一）项、第（二）项和第（三）项要求的，国务院专利行政部门应当通知申请人在指定期限内补正。期满未补正第（一）项或者第（二）项内容的，该申请视为撤回；期满未补正第（三）项内容的，该优先权要求视为未提出。 申请人未满足本条第一款第（四）项要求的，其申请不适用专利法第二十四条的规定。		

		第一百零六条（新增） **申请人按照专利合作条约的规定，对生物材料样品的保藏已作出说明的，视为已经满足了本细则第二十五条第（三）项的要求。申请人应当在进入中国国家阶段声明中指明记载生物材料样品保藏事项的文件以及在该文件中的具体记载位置。** **申请人在原始提交的国际申请的说明书中已记载生物材料样品保藏事项，但是没有在进入中国国家阶段声明中指明的，应当在办理进入中国国家阶段手续之日起4个月内补正。期满未补正的，该生物材料视为未提交保藏。** **申请人在办理进入中国国家阶段手续之日起4个月内向国务院专利**	**第一百零八条** 申请人按照专利合作条约的规定，对生物材料样品的保藏已作出说明的，视为已经满足了本细则**第二十四条**第（三）项的要求。申请人应当在进入中国国家阶段声明中指明记载生物材料样品保藏事项的文件以及在该文件中的具体记载位置。 申请人在原始提交的国际申请的说明书中已记载生物材料样品保藏事项，但是没有在进入中国国家阶段声明中指明的，应当自进入日起4个月内补正。期满未补正的，该生物材料视为未提交保藏。 申请人自进入日起4个月内向国务院专利行政部门提交生物材料样品保藏证明和存活证明的，	**第一百二十五条** 申请人按照专利合作条约的规定，对生物材料样品的保藏已作出说明的，视为已经满足了本细则第**二十七**条第（三）项的要求。申请人应当在进入中国国家阶段声明中指明记载生物材料样品保藏事项的文件以及在该文件中的具体记载位置。 申请人在原始提交的国际申请的说明书中已记载生物材料样品保藏事项，但是没有在进入中国国家阶段声明中指明的，应当自进入日起4个月内补正。期满未补正的，该生物材料视为未提交保藏。 申请人自进入日起4个月内向国务院专利行政部门提交生物材料样品保藏证明和存活证明的，

1985 年	1992 年	2001 年	2010 年	2023 年
		行政部门提交生物材料样品保藏证明和存活证明的，视为在本细则第二十五条第（一）项规定的期限内提交。	视为在本细则**第二十四**条第（一）项规定的期限内提交。	视为在本细则第二十七条第（一）项规定的期限内提交。
			第一百零九条（新增） **国际申请涉及的发明创造依赖遗传资源完成的，申请人应当在国际申请进入中国国家阶段的书面声明中予以说明，并填写国务院专利行政部门制定的表格。**	**第一百二十六条** 国际申请涉及的发明创造依赖遗传资源完成的，申请人应当在国际申请进入中国国家阶段的书面声明中予以说明，并填写国务院专利行政部门制定的表格。
		第一百零七条（新增） **申请人在国际阶段已要求一项或者多项优先权，在进入中国国家阶段时该优先权要求继续有效的，视为已经依照专利法第三十条的规定提出了书面声明。** **申请人在国际阶段提**	**第一百一十条** 申请人在国际阶段已要求一项或者多项优先权，在进入中国国家阶段时该优先权要求继续有效的，视为已经依照专利法第三十条的规定提出了书面声明。 **申请人应当自进入日**	**第一百二十七条** 申请人在国际阶段已要求一项或者多项优先权，在进入中国国家阶段时该优先权要求继续有效的，视为已经依照专利法第三十条的规定提出了书面声明。 申请人应当自进入日

		出的优先权书面声明有书写错误或者未写明在先申请的申请号的，可以在办理进入中国国家阶段手续时提出改正请求或者写明在先申请的申请号。申请人提出改正请求的，应当缴纳改正优先权要求请求费。 **申请人在国际阶段已依照专利合作条约的规定，提交过在先申请文件副本的，办理进入中国国家阶段手续时不需要向国务院专利行政部门提交在先申请文件副本。申请人在国际阶段未提交在先申请文件副本的，国务院专利行政部门认为必要时，可以通知申请人在指定期限内补交。申请人期满未补交的，其优先权要求视为未提出。** **优先权要求在国际阶**	**起二个月内缴纳优先权要求费；期满未缴纳或者未缴足的，视为未要求该优先权。** 申请人在国际阶段已依照专利合作条约的规定，提交过在先申请文件副本的，办理进入中国国家阶段手续时不需要向国务院专利行政部门提交在先申请文件副本。申请人在国际阶段未提交在先申请文件副本的，国务院专利行政部门认为必要时，可以通知申请人在指定期限内补交；申请人期满未补交的，其优先权要求视为未提出。	起2个月内缴纳优先权要求费；期满未缴纳或者未缴足的，视为未要求该优先权。 申请人在国际阶段已依照专利合作条约的规定，提交过在先申请文件副本的，办理进入中国国家阶段手续时不需要向国务院专利行政部门提交在先申请文件副本。申请人在国际阶段未提交在先申请文件副本的，国务院专利行政部门认为必要时，可以通知申请人在指定期限内补交；申请人期满未补交的，其优先权要求视为未提出。

1985 年	1992 年	2001 年	2010 年	2023 年
		段视为未提出并经国际局公布该信息，申请人有正当理由的，可以在办理进入中国国家阶段手续时请求国务院专利行政部门恢复其优先权要求。		第一百二十八条(新增) 国际申请的申请日在优先权期限届满之后2个月内，在国际阶段受理局已经批准恢复优先权的，视为已经依照本细则第三十六条的规定提出了恢复优先权请求；在国际阶段申请人未请求恢复优先权，或者提出了恢复优先权请求但受理局未批准，申请人有正当理由的，可以自进入日起2个月内向国务院专利行政部门请求恢复优先权。

		第一百零八条(新增) **在优先权日起30个月期满前要求国务院专利行政部门提前处理和审查国际申请的，申请人除应当办理进入中国国家阶段手续外，还应当依照专利合作条约第二十三条第二款规定提出请求。国际局尚未向国务院专利行政部门传送国际申请的，申请人应当提交经确认的国际申请副本。**	**第一百一十一条** 在优先权日起30个月期满前要求国务院专利行政部门提前处理和审查国际申请的，申请人除应当办理进入中国国家阶段手续外，还应当依照专利合作条约第二十三条第二款规定提出请求。国际局尚未向国务院专利行政部门传送国际申请的，申请人应当提交经确认的国际申请副本。	**第一百二十九条** 在优先权日起30个月期满前要求国务院专利行政部门提前处理和审查国际申请的，申请人除应当办理进入中国国家阶段手续外，还应当依照专利合作条约第二十三条第二款规定提出请求。国际局尚未向国务院专利行政部门传送国际申请的，申请人应当提交经确认的国际申请副本。
		第一百零九条(新增) **要求获得实用新型专利权的国际申请，申请人可以在办理进入中国国家阶段手续之日起1个月内，向国务院专利行政部门提出修改说明书、附图和权利要求书。** **要求获得发明专利权的国际申请，适用本细**	**第一百一十二条** 要求获得实用新型专利权的国际申请，申请人可以**自进入日起2**个月内**对专利申请文件主动提出修改。** 要求获得发明专利权的国际申请，适用本细则第五十一条第一款的规定。	**第一百三十条** 要求获得实用新型专利权的国际申请，申请人可以自进入日起2个月内对专利申请文件主动提出修改。 要求获得发明专利权的国际申请，适用本细则第**五十七**条第一款的规定。

1985 年	1992 年	2001 年	2010 年	2023 年
		则第五十一条第一款的规定。 第一百一十条（新增） **申请人发现提交的说明书、权利要求书或者附图中的文字的中文译文存在错误的，可以在下列规定期限内依照原始国际申请文本提出改正：** **（一）在国务院专利行政部门作好国家公布的准备工作之前；** **（二）在收到国务院专利行政部门发出的发明专利申请进入实质审查阶段通知书之日起3个月内。** **申请人改正译文错误的，应当提出书面请求，提交译文的改正页，并缴纳规定的译文改正费。** **申请人按照国务院专**	 第一百一十三条 申请人发现提交的说明书、权利要求书或者附图中的文字的中文译文存在错误的，可以在下列规定期限内依照原始国际申请文本提出改正： （一）在国务院专利行政部门作好公布**发明专利申请或者公告实用新型专利权**的准备工作之前； （二）在收到国务院专利行政部门发出的发明专利申请进入实质审查阶段通知书之日起3个月内。 申请人改正译文错误的，应当提出书面请求并缴纳规定的译文改正费。	 第一百三十一条 申请人发现提交的说明书、权利要求书或者附图中的文字的中文译文存在错误的，可以在下列规定期限内依照原始国际申请文本提出改正： （一）在国务院专利行政部门**做**好公布发明专利申请或者公告实用新型专利权的准备工作之前； （二）在收到国务院专利行政部门发出的发明专利申请进入实质审查阶段通知书之日起3个月内。 申请人改正译文错误的，应当提出书面请求并缴纳规定的译文改正费。

		利行政部门的通知书的要求改正译文的，应当在指定期限内办理本条第二款规定的手续；期满未办理规定手续的，该申请视为撤回。	申请人按照国务院专利行政部门的通知书的要求改正译文的，应当在指定期限内办理本条第二款规定的手续；期满未办理规定手续的，该申请视为撤回。	申请人按照国务院专利行政部门的通知书的要求改正译文的，应当在指定期限内办理本条第二款规定的手续；期满未办理规定手续的，该申请视为撤回。
		第一百一十一条（新增） **对要求获得发明专利权的国际申请，国务院专利行政部门经初步审查认为符合专利法和本细则有关规定的，应当在专利公报上予以公布；国际申请以中文以外的文字提出的，应当公布申请文件的中文译文。** **要求获得发明专利权的国际申请，由国际局以中文进行国际公布的，自国际公布日起适用专利法第十三条的规定；由国际局以中文以外的文字进行国际公布**	**第一百一十四条** 对要求获得发明专利权的国际申请，国务院专利行政部门经初步审查认为符合专利法和本细则有关规定的，应当在专利公报上予以公布；国际申请以中文以外的文字提出的，应当公布申请文件的中文译文。 要求获得发明专利权的国际申请，由国际局以中文进行国际公布的，自国际公布日起适用专利法第十三条的规定；由国际局以中文以外的文字进行国际公布	**第一百三十二条** 对要求获得发明专利权的国际申请，国务院专利行政部门经初步审查认为符合专利法和本细则有关规定的，应当在专利公报上予以公布；国际申请以中文以外的文字提出的，应当公布申请文件的中文译文。 要求获得发明专利权的国际申请，由国际局以中文进行国际公布的，自国际公布日**或者国务院专利行政部门公布之日**起适用专利法第十三条的规定；由国际局

1985 年	1992 年	2001 年	2010 年	2023 年
		的，自国务院专利行政部门公布之日起适用专利法第十三条的规定。 对国际申请，专利法第二十一条和第二十二条中所称的公布是指本条第一款所规定的公布。	的，自国务院专利行政部门公布之日起适用专利法第十三条的规定。 对国际申请，专利法第二十一条和第二十二条中所称的公布是指本条第一款所规定的公布。	以中文以外的文字进行国际公布的，自国务院专利行政部门公布之日起适用专利法第十三条的规定。 对国际申请，专利法第二十一条和第二十二条中所称的公布是指本条第一款所规定的公布。
		第一百一十二条(新增) 国际申请包含两项以上发明或者实用新型的，申请人在办理进入中国国家阶段手续后，依照本细则第四十二条第一款的规定，可以提出分案申请。 在国际阶段，国际检索单位或者国际初步审查单位认为国际申请不符合专利合作条约规定的单一性要求时，申请人未按照规定缴纳附加	**第一百一十五条** 国际申请包含两项以上发明或者实用新型的，申请人可以自进入日起，依照本细则第四十二条第一款的规定提出分案申请。 在国际阶段，国际检索单位或者国际初步审查单位认为国际申请不符合专利合作条约规定的单一性要求时，申请人未按照规定缴纳附加费，导致国际申请某些	**第一百三十三条** 国际申请包含两项以上发明或者实用新型的，申请人可以自进入日起，依照本细则第四十八条第一款的规定提出分案申请。 在国际阶段，国际检索单位或者国际初步审查单位认为国际申请不符合专利合作条约规定的单一性要求时，申请人未按照规定缴纳附加费，导致国际申请某些

		费，导致国际申请某些部分未经国际检索或者未经国际初步审查，在进入中国国家阶段时，申请人要求将所述部分作为审查基础，国务院专利行政部门认为国际检索单位或者国际初步审查单位对发明单一性的判断正确的，应当通知申请人在指定期限内缴纳单一性恢复费。期满未缴纳或者未足额缴纳的，国际申请中未经检索或者未经国际初步审查的部分视为撤回。	部分未经国际检索或者未经国际初步审查，在进入中国国家阶段时，申请人要求将所述部分作为审查基础，国务院专利行政部门认为国际检索单位或者国际初步审查单位对发明单一性的判断正确的，应当通知申请人在指定期限内缴纳单一性恢复费。期满未缴纳或者未足额缴纳的，国际申请中未经检索或者未经国际初步审查的部分视为撤回。	部分未经国际检索或者未经国际初步审查，在进入中国国家阶段时，申请人要求将所述部分作为审查基础，国务院专利行政部门认为国际检索单位或者国际初步审查单位对发明单一性的判断正确的，应当通知申请人在指定期限内缴纳单一性恢复费。期满未缴纳或者未足额缴纳的，国际申请中未经检索或者未经国际初步审查的部分视为撤回。
		第一百一十三条(新增) **申请人依照本细则第一百零一条的规定提交文件和缴纳费用的，以国务院专利行政部门收到文件之日为提交日、收到费用之日为缴纳日。** **提交的文件邮递延误**	（删除）	

1985 年	1992 年	2001 年	2010 年	2023 年
		的，申请人自发现延误之日起 1 个月内证明该文件已经在本细则第一百零一条规定的期限届满之日前 5 日交付邮寄的，该文件视为在期限届满之日收到。但是，申请人提供证明的时间不得迟于本细则第一百零一条规定的期限届满后 6 个月。 申请人依照本细则第一百零一条的规定向国务院专利行政部门提交文件，可以使用传真方式。申请人使用传真方式的，以国务院专利行政部门收到传真件之日为提交日。申请人应当自发送传真之日起 14 日内向国务院专利行政部门提交传真件的原件。期满未提交原件的，视为未提交该文件。		

		第一百一十四条(新增) **国际申请要求优先权的，申请人应当在办理进入中国国家阶段手续时缴纳优先权要求费；未缴纳或者未足额缴纳的，国务院专利行政部门应当通知申请人在指定的期限内缴纳；期满仍未缴纳或者未足额缴纳的，视为未要求该优先权。**	（该条并入本细则第一百一十条）	
		第一百一十五条(新增) **国际申请在国际阶段被有关国际单位拒绝给予国际申请日或者宣布视为撤回的，申请人在收到通知之日起2个月内，可以请求国际局将国际申请档案中任何文件的副本转交国务院专利行政部门，并在该期限内向国务院专利行政部门办理本细则第一百零一条规定的手续，国**	**第一百一十六条** 国际申请在国际阶段被有关国际单位拒绝给予国际申请日或者宣布视为撤回的，申请人在收到通知之日起2个月内，可以请求国际局将国际申请档案中任何文件的副本转交国务院专利行政部门，并在该期限内向国务院专利行政部门办理本细则**第一百零三条**规定的手续，国	**第一百三十四条** 国际申请在国际阶段被有关国际单位拒绝给予国际申请日或者宣布视为撤回的，申请人在收到通知之日起2个月内，可以请求国际局将国际申请档案中任何文件的副本转交国务院专利行政部门，并在该期限内向国务院专利行政部门办理本细则第一**百二十条**规定的手续，国

1985 年	1992 年	2001 年	2010 年	2023 年
		务院专利行政部门应当在接到国际局传送的文件后，对国际单位作出的决定是否正确进行复查。	务院专利行政部门应当在接到国际局传送的文件后，对国际单位作出的决定是否正确进行复查。	务院专利行政部门应当在接到国际局传送的文件后，对国际单位作出的决定是否正确进行复查。
		第一百一十六条（新增） **基于国际申请授予的专利权，由于译文错误，致使依照专利法第五十六条规定确定的保护范围超出国际申请的原文所表达的范围的，以依据原文限制后的保护范围为准；致使保护范围小于国际申请的原文所表达的范围的，以授权时的保护范围为准。**	**第一百一十七条** 基于国际申请授予的专利权，由于译文错误，致使依照专利法**第五十九条**规定确定的保护范围超出国际申请的原文所表达的范围的，以依据原文限制后的保护范围为准；致使保护范围小于国际申请的原文所表达的范围的，以授权时的保护范围为准。	**第一百三十五条** 基于国际申请授予的专利权，由于译文错误，致使依照专利法第**六十四**条规定确定的保护范围超出国际申请的原文所表达的范围的，以依据原文限制后的保护范围为准；致使保护范围小于国际申请的原文所表达的范围的，以授权时的保护范围为准。 **第十二章　关于外观设计国际申请的特别规定**（新增） **第一百三十六条**（新增） **国务院专利行政部门**

				根据专利法第十九条第二款、第三款规定，处理按照工业品外观设计国际注册海牙协定（**1999** 年文本）（以下简称海牙协定）提出的外观设计国际注册申请。 国务院专利行政部门处理按照海牙协定提出并指定中国的外观设计国际注册申请（简称外观设计国际申请）的条件和程序适用本章的规定；本章没有规定的，适用专利法及本细则其他各章的有关规定。 第一百三十七条（新增） 按照海牙协定已确定国际注册日并指定中国的外观设计国际申请，视为向国务院专利行政部门提出的外观设计专利申请，该国际注册日视为专利法第二十八条所称的申请日。

1985 年	1992 年	2001 年	2010 年	2023 年
				第一百三十八条（新增） 国际局公布外观设计国际申请后，国务院专利行政部门对外观设计国际申请进行审查，并将审查结果通知国际局。 第一百三十九条（新增） 国际局公布的外观设计国际申请中包括一项或者多项优先权的，视为已经依照专利法第三十条的规定提出了书面声明。 外观设计国际申请的申请人要求优先权的，应当自外观设计国际申请公布之日起 3 个月内提交在先申请文件副本。

				第一百四十条（新增） **外观设计国际申请涉及的外观设计有专利法第二十四条第（二）项或者第（三）项所列情形的，应当在提出外观设计国际申请时声明，并自外观设计国际申请公布之日起2个月内提交本细则第三十三条第三款规定的有关证明文件。** **第一百四十一条**（新增） **一件外观设计国际申请包括两项以上外观设计的，申请人可以自外观设计国际申请公布之日起2个月内，向国务院专利行政部门提出分案申请，并缴纳费用。**

1985 年	1992 年	2001 年	2010 年	2023 年
				第一百四十二条（新增） 国际局公布的外观设计国际申请中包括含设计要点的说明书的，视为已经依照本细则第三十一条的规定提交了简要说明。 第一百四十三条（新增） 外观设计国际申请经国务院专利行政部门审查后没有发现驳回理由的，由国务院专利行政部门作出给予保护的决定，通知国际局。 国务院专利行政部门作出给予保护的决定后，予以公告，该外观设计专利权自公告之日起生效。

				第一百四十四条（新增） **已在国际局办理权利变更手续的，申请人应当向国务院专利行政部门提供有关证明材料。**
第十章　附　则	**第十章　附　则**	**第十一章　附　则**	**第十一章　附　则**	**第十三章　附　则**
第九十一条 任何人经专利局同意后，可以查阅或者复制已经公布或者公告的专利申请案卷、专利登记簿和有关证明文件。	**第九十一条** 任何人经专利局同意后，**均**可以查阅或者复制已经公布或者公告的专利申请的案卷**和**专利登记簿。**任何人均可以请求专利局出具专利登记簿副本。** **已被视为撤回、驳回和主动撤回的专利申请的案卷，自该专利申请失效之日起满二年后不予保存。** **已被撤销、放弃、无效宣告和终止的专利权的案卷自该专利权失效**	**第一百一十七条** 经**国务院专利行政部门**同意，任何人均可以查阅或者复制已经公布或者公告的专利申请的案卷和专利登记簿，并可以请求**国务院专利行政部门**出具专利登记簿副本。 已视为撤回、驳回和主动撤回的专利申请的案卷，自该专利申请失效之日起满2年后不予保存。 已放弃、**宣告全部**无效和终止的专利权的案	**第一百一十八条** 经国务院专利行政部门同意，任何人均可以查阅或者复制已经公布或者公告的专利申请的案卷和专利登记簿，并可以请求国务院专利行政部门出具专利登记簿副本。 已视为撤回、驳回和主动撤回的专利申请的案卷，自该专利申请失效之日起满2年后不予保存。 已放弃、宣告全部无效和终止的专利权的案	**第一百四十五条** 经国务院专利行政部门同意，任何人均可以查阅或者复制已经公布或者公告的专利申请的案卷和专利登记簿，并可以请求国务院专利行政部门出具专利登记簿副本。 已视为撤回、驳回和主动撤回的专利申请的案卷，自该专利申请失效之日起满2年后不予保存。 已放弃、宣告全部无效和终止的专利权的案

1985 年	1992 年	2001 年	2010 年	2023 年
	之日起满三年后不予保存。	**卷，自该专利权失效之日起满** 3 **年后不予保存。**	卷，自该专利权失效之日起满 3 年后不予保存。	卷，自该专利权失效之日起满 3 年后不予保存。
第九十二条 申请人向专利局提交的文件应当使用专利局制定的统一格式，由申请人或者其专利代理人签字或者盖章。	**第九十二条** 向专利局提交**申请**文件**或者办理各种手续，**应当使用专利局制定的统一格式，由申请人、**专利权人、其他利害关系人或者其代表人**签字或者盖章；**委托专利代理机构的，由专利代理机构**盖章。 **请求变更发明人姓名、专利申请人和专利权人的姓名或者名称、国籍和地址、专利代理机构的名称和代理人姓名的，应当向专利局办理著录事项变更手续，并附具变更理由的证明材料。**	**第一百一十八条** 向**国务院专利行政部门**提交申请文件或者办理各种手续，应当使用**国务院专利行政部门**制定的统一格式，由申请人、专利权人、其他利害关系人或者其代表人签字或者盖章；委托专利代理机构的，由专利代理机构盖章。 请求变更发明人姓名、专利申请人和专利权人的姓名或者名称、国籍和地址、专利代理机构的名称、**地址**和代理人姓名的，应当向**国务院专利行政部门**办理著录事项变更手续，并附具变更理由的证明材料。	**第一百一十九条** 向国务院专利行政部门提交申请文件或者办理各种手续，应当由申请人、专利权人、其他利害关系人或者其代表人签字或者盖章；委托专利代理机构的，由专利代理机构盖章。 请求变更发明人姓名、专利申请人和专利权人的姓名或者名称、国籍和地址、专利代理机构的名称、地址和代理人姓名的，应当向国务院专利行政部门办理著录事项变更手续，并附具变更理由的证明材料。	**第一百四十六条** 向国务院专利行政部门提交申请文件或者办理各种手续，应当由申请人、专利权人、其他利害关系人或者其代表人签字或者盖章；委托专利代理机构的，由专利代理机构盖章。 请求变更发明人姓名、专利申请人和专利权人的姓名或者名称、国籍和地址、专利代理机构的名称、地址和**专利代理师**姓名的，应当向国务院专利行政部门办理著录事项变更手续，**必要时应当提交**变更理由的证明材料。

第九十三条 向专利局提交有关申请或者专利权的文件或者物品时，应当标明申请号或者专利号和发明创造的名称。邮寄文件或者物品必须挂号。	**第九十三条** 向专利局邮寄有关申请或者专利权的文件，应当**使用挂号信函，不得使用包裹**。 **除首次提交申请文件外，向专利局提交各种文件、办理各种手续时，应当标明**申请号或者专利号、发明创造名**称和申请人或者专利权人姓名或者名称**。 **一件信函中应当只包含同一申请的文件。**	**第一百一十九条** 向**国务院专利行政部门**邮寄有关申请或者专利权的文件，应当使用挂号信函，不得使用包裹。 除首次提交申请文件外，向**国务院专利行政部门**提交各种文件、办理各种手续时，应当标明申请号或者专利号、发明创造名称和申请人或者专利权人姓名或者名称。 一件信函中应当只包含同一申请的文件。	**第一百二十条** 向国务院专利行政部门邮寄有关申请或者专利权的文件，应当使用挂号信函，不得使用包裹。 除首次提交**专利**申请文件外，向国务院专利行政部门提交各种文件、办理各种手续的，应当标明申请号或者专利号、发明创造名称和申请人或者专利权人姓名或者名称。 一件信函中应当只包含同一申请的文件。	**第一百四十七条** 向国务院专利行政部门邮寄有关申请或者专利权的文件，应当使用挂号信函，不得使用包裹。 除首次提交专利申请文件外，向国务院专利行政部门提交各种文件、办理各种手续的，应当标明申请号或者专利号、发明创造名称和申请人或者专利权人姓名或者名称。 一件信函中应当只包含同一申请的文件。
第九十四条 各类申请文件应当打字或者印刷。字迹应当整齐清晰，不得涂改。纸张只限使用正面。 附图应当用制图工具和黑色墨水绘制，线条应当均匀清晰。	**第九十四条** 各类申请文件应当打字或者印刷，字迹**呈黑色**，整齐清晰，不得涂改。附图应当用制图工具和黑色墨水绘制，线条应当均匀清晰，**不得涂改**。	**第一百二十条** 各类申请文件应当打字或者印刷，字迹呈黑色，整齐清晰，**并**不得涂改。附图应当用制图工具和黑色墨水绘制，线条应当均匀清晰，**并**不得涂改。	**第一百二十一条** 各类申请文件应当打字或者印刷，字迹呈黑色，整齐清晰，并不得涂改。附图应当用制图工具和黑色墨水绘制，线条应当均匀清晰，并不得涂改。	（删除）

1985 年	1992 年	2001 年	2010 年	2023 年
	请求书、说明书、权利要求书、附图和摘要应当分别用阿拉伯数字顺序编号。 **申请文件的文字部分应当横向书写。**纸张只限**单面使用。**	请求书、说明书、权利要求书、附图和摘要应当分别用阿拉伯数字顺序编号。 申请文件的文字部分应当横向书写。纸张**限于**单面使用。	请求书、说明书、权利要求书、附图和摘要应当分别用阿拉伯数字顺序编号。 申请文件的文字部分应当横向书写。纸张限于单面使用。	
第九十五条 本细则由专利局负责解释。	**第九十五条** 本细则由专利局负责解释。	（删除）		
		第一百二十一条(新增) **国务院专利行政部门根据专利法和本细则制定专利审查指南。**	**第一百二十二条** 国务院专利行政部门根据专利法和本细则制定专利审查指南。	**第一百四十八条** 国务院专利行政部门根据专利法和本细则制定专利审查指南。
第九十六条 本细则自一九八五年四月一日起施行。	**第九十六条** 本细则自**一九九三年一月一日**起施行。	**第一百二十二条** 本细则自 **2001 年 7 月 1 日起施行。1992 年 12 月 12 日国务院批准修订、1992 年 12 月 21 日中国专利局发布的《中华人民共和国专利法实施细则》同时废止。**	**第一百二十三条** 本细则自 2001 年 7 月 1 日起施行。1992 年 12 月 12 日国务院批准修订、1992 年 12 月 21 日中国专利局发布的《中华人民共和国专利法实施细则》同时废止。	**第一百四十九条** 本细则自 2001 年 7 月 1 日起施行。1992 年 12 月 12 日国务院批准修订、1992 年 12 月 21 日中国专利局发布的《中华人民共和国专利法实施细则》同时废止。